ERWEIMA YINGXIAO
YINGGAI ZHEYANG ZUO

二维码营销应该这样做

（案例实战版）

李星野 张国军◎著

SPM
南方出版传媒
广东经济出版社
—广州—

图书在版编目（CIP）数据

二维码营销应该这样做：案例实战版 / 李星野，张国军著．—广州：广东经济出版社，2015.9

ISBN 978 - 7 - 5454 - 4204 - 5

Ⅰ．①二… Ⅱ．①李… ②张… Ⅲ．①二维 - 条形码 - 应用 - 市场营销学 Ⅳ．①F713.50

中国版本图书馆 CIP 数据核字（2015）第 209194 号

出版发行	广东经济出版社（广州市环市东路水荫路 11 号 11～12 楼）
经销	全国新华书店
印刷	佛山市浩文彩色印刷有限公司 （广东省佛山市南海区狮山科技工业园 A 区）
开本	730 毫米×1020 毫米　1/16
印张	15
字数	229 000 字
版次	2015 年 9 月第 1 版
印次	2015 年 9 月第 1 次
印数	1～5 000
书号	ISBN 978 - 7 - 5454 - 4204 - 5
定价	39.80 元

如发现印装质量问题，影响阅读，请与承印厂联系调换。

发行部地址：广州市环市东路水荫路 11 号 11 楼

电话：(020) 38306055　37601950　邮政编码：510075

邮购地址：广州市环市东路水荫路 11 号 11 楼

电话：(020) 37601980　营销网址：http://www.gebook.com

广东经济出版社新浪官方微博：http://e.weibo.com/gebook

广东经济出版社常年法律顾问：何剑桥律师

目　录

Contents

前　言

Preface

无二维码不营销

二维码一夜间出现在人们的视线中。不论在地铁里、公交车站、商场门口还是坐在家中，甚至手边的一个小纸袋，都可以看到二维码的存在；无论线上还是线下，这个黑白色的小方格总是静静地贴在那里，仔细分析有个人的，也有商家的。二维码时代的到来，真实地改变了人们的生活方式。

您是否有这样的经历：在商场购物后，看到收银台排着长队而感到烦躁呢？二维码的出现，改变人们购物的方式，只要扫码便可以轻松结账；预订酒店、逛街购物，扫一扫酒店的二维码，立即便可享受优惠；想与明星近距离接触？扫二维码即可实现愿望；想网购家居，却不了解尺寸、质感、效果？二维码能解决所有问题，给您带来家居新体验……

二维码不仅改变了人们的生活方式，同时也改变了企业的营销方式。在营销过程中，二维码不会局限于线上线下，而是能将两者巧妙地结合到一起，让企业在营销上展现出灵活多变、更具创意的一面。二维码是这个时代的新产物，是企业营销的点金石。不仅企业的龙头老大可以运用它；许多小型企业、商品店、甚至个人都可以运用它来达到营销目的。

尽管二维码对企业来讲意义非凡，但仍有一些企业认为，二维码营销不过是简单地链接到某个网页，没有什么实质性的功能。

事实上，二维码营销远不止如此。香港是一个寸土寸金的地方，商家都想通过多卖商品来支付昂贵的租金。可如何才能吸引人们进门消费呢？答案便隐藏在这个小小的二维码里。比如：A店的包包和B店的衣服搭配起来不错，那么在A店的包包上就附上B店衣服的二维码；同理，在B店的衣服上也会附上A店包包的二维码。消费者在选购衣服时，可以通过扫码来查看对应的商品；贴心的商家还提供此商品店铺所在位置，以及路线图等。

在中国内地，很多企业也都开展了二维码营销业务。例如：越秀地产制作了超大二维码，并把广告牌放置在多个路口处，吸引更多的路人前来扫码。仅10来分钟，就有至少20多位路人过来扫二维码。这个巨大二维码不仅在营销上做得很成功。同时，也吸引了媒体的眼球，媒体对这个巨大二维码进行了报道，这也间接提升了企业的知名度和品牌影响力。

二维码在功能上包含了文字、图片、视频等信息。二维码做宣传推广时，可以省去版面设计、文字说明等费用。二维码在互动上，能够让消费者参与到企业的活动中。比如，电视上的二维码，可以与闯关者一同答题；也可以互动抽奖、参与讨论等。

有了二维码这个信息载体，那么另外一个问题随之而来，作为受众对象，人们是否面对二维码会愿意扫码呢？根据美国知名的互联网统计公司Com Score的调查显示，截至2011年10月，美国平均每三个人，就会有一个人扫码，每个月有2 000多万台智能手机用户扫描了二维码。这个数字是十分惊人的。随着二维码的普及，这个数据更是呈上升状态。

通常而言，移动手机设备是被动接受信息，比如短信营销、电话营销等。这样的营销方式不仅不会有效果，有时还会让人们产生逆反心理，甚至将信息删除或电话屏蔽。而在移动设备二维码营销中，则是引导人们主动去扫码，并用大众能够接受的方式，让人们参与到企业的营销活动中来。

虽然有些企业在二维码的运用上已经很成功，但对于大部分企业来讲，二维码在使用上还处于摸索阶段。本书在二维码的营销上，引用了丰富的案例，从餐饮到金融、从旅游到地产、从影视到家居……并以每家企业的多种宣传方式入手，为读者深度解读二维码的营销方式，并详细介绍了二维码具体的实操方法，让读者在看完本书后能够活学活用。

鲁迅先生说：“其实地上本没有路，走的人多了，也便成了路。”二维码也是一样，做的人多了，就走出了路。在二维码营销的道路上，笔者愿与企业勇进者共勉。

第一章

今天你扫了没有：二维码引爆营销新革命

二维码如今已遍及生活各个角落，在互联网时代，如果企业还没有使用二维码营销，那么很可能在当下的数字时代中淘汰。二维码之所以能够这么火，成为企业营销利器，主要在于它集多种功能于一身，从数据转化、加密、溯源到信息储存、实时交易……这些功能都够改变企业传统的营销方式，拓宽企业营销渠道，提升销售业绩。不仅如此，二维码还存在更多的潜能，值得企业去挖掘。

网页功能：将网站搬到手机上

二维码，这个黑白色方格组成的矩形图案，已经成为人们生活的一部分。我们不能不正视它。15年前的腾讯，12年前的百度，9年前的淘宝，我们没有想到互联网的世界因它们产生翻天覆地的变化，而近年来悄然兴起的二维码……这个不起眼的小方格，也正悄然地改变着网络的功能。

扫浏览器二维码，立即跳转到当前页

网友在上网时，只要点开一个链接，就能看到想要查看的信息。随着移动互联网的发展，电脑上的信息，手机都能查阅。人们更喜欢随时随地购物、看微博、看新闻、订票等。当网友看到某个网页想要通过手机移动网来查看该页面时，就可以利用二维码来实现。

360浏览器，是互联网上安全好用的新一代浏览器，可以帮助用户查病毒、拦截木马、防欺诈网银等恶意网址，让用户在访问有木马病毒网站时也不会感染。如今，许多用户的电脑上都安装了360浏览器。在使用率上，360浏览器甚至超过了Intemet Explorer浏览器，主要原因在于360浏览器更人性化，用户使用起来更方便。用户登录360浏览器后，可以看到地址栏里有一个小小的二维码。（图1–1）

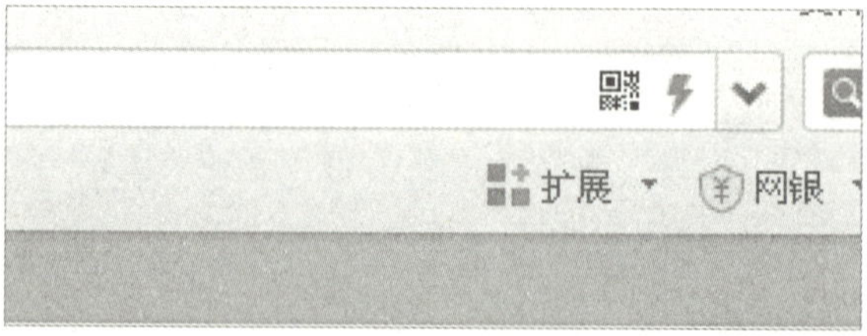

图1–1　360浏览器主页地址栏二维码界面

这个二维码是做什么用的呢？当网友通过360浏览器浏览某网站时，想退出网站通过手机登录，那么在退出网页之前，可以扫一扫这个二维码，手

机立即跳转到当前电脑登录的页面。（图1–2）

图1–2　电脑360浏览器当当网图书界面

比如：用户正在浏览当当网的某本畅销书，为了能够随时随地查看该书的信息、评论等，可以扫一扫地址栏里的二维码。扫码后，手机会出现刚刚在电脑上看到的页面。这种方法可以让用户一秒钟离开电脑后，即可将相关信息装进手机中。（图1–3）

图1–3　手机360浏览器当当网图书界面

不要轻视这个小小的二维码，认为不过起到一个链接的作用。事实上，它可以为用户省去了登录当当网、搜索书籍名称、点击进入网页等麻烦。

扫二维码，用手机看视频

二维码在使用上还是相当广泛的。以前消费者想要用手机看视频，需要通过数据线下载、在线传输或者下载视频网站APP在线观看。有了二维码之后只要扫一扫二维码，就可以随时随地观看视频。

铁葫芦图书是磨铁图书旗下的品质图书策划品牌。在图书选题上，涵盖文学、艺术、历史、思想、学术等领域，出版作品有《上课记》《何处是归程》《一个人的村庄》《国会现场》《晓说》等优质图书。

读者在登录铁葫芦图书官方微博后，可以看到这样一个二维码。（图1-4）

图1-4　铁葫芦官方微博二维码界面

这个二维码，也能将电脑与手机成功连接在一起。只要扫码，关注企业微信，"罗宾·威廉姆斯式"人生课立即出现在手机中。（图1-5）

扫二维码的方式让用户离开电脑可以一秒钟连接到手机上，更方便、更快捷。随时随地查看信息，从网站到手机的结合就是这么简单。聪明的企业，能从中一眼看到商机。在营销上，不仅可以利用网络来做营销，还可以利用手机，通过二维码建立企业与用户的情感关联。

图1-5　铁葫芦图书官网微信界面

营销小贴士

目前，许多企业都在网站上创建了二维码，用户在扫码后，除了链接到企业网站，并没有为用户带来什么新的情感体验。二维码不仅可以做营销，还有许多便捷的功能，当用户使用该功能时，就能够成为企业的客户。

服务功能：免费的贴心“机器人”

二维码的本质就是利用图形的组合规律，把数据信息记录在里面。二维码里的信息究竟隐藏着什么需要消费者扫码后才能知道。二维码看似简单，实则有非常丰富的内涵，如扫码后可以获得优惠信息、会员卡、抽奖活动等内容。不仅如此，二维码还相当于一个免费的“机器人”，能为客户提供各种服务。

客服“接线员”，随时随地提供帮助

社会的转变让人们烧火做饭改为智能做饭、无烟做饭；微波炉、抽烟机、冰箱、电视……更是方便了人们的生活。无论是谁家中总有几件家用电器。随着社会发展，家电也越来越人性化。其内里设计也越来越复杂，在功能上除专业人士，谁都不能保证100%全部会用，更不要想当家电出现问题的时候了。

海尔经过30年的创新，从资不抵债、濒临倒闭的小厂发展为今天全国家电第一品牌。海尔不拘泥于现有的家电行业产品与服务模式，积极拓展新的业务领域，开辟了解决现代生活的新技术、新思路、新服务。

走进家电商场，在选购家电时，可以看到海尔家电比其他品牌家电上多了一个二维码。事实上，正是这个二维码，为客户带来的新的功能，当销售员向消费者讲解这个二维码充当“接线员”的服务时，消费者明显增加了兴趣，更为放心地进行选购。（图1–6）

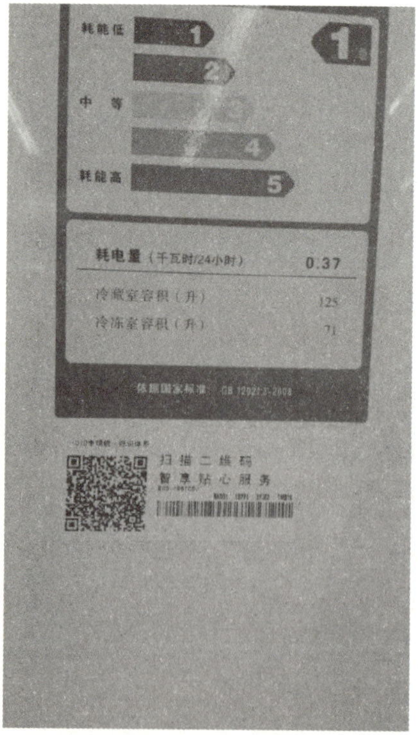

图1–6　海尔冰箱上的二维码界面

图1–7　海尔家电智能服务主界面

别看它只是普通打印纸打印出来的二维码，却给消费者提供了万能的服务。消费者购买商品后，可以通过扫码来解决售后服务等问题。（图1–7）

对于家用电器，无论需要报装、报修或者查询产品使用方法，都能够在扫描二维码后，将这些问题发送给客服人员，等待维修人员上门服务。或者通过APP自助查询，学习保养方法。一个二维码省去客户打电话、等待接线员、预约售后等各种麻烦，对企业来说，何乐而不为呢?

排队“机器人”，实现提前预约

在医院的挂号处，总能看到排着长长的队伍，不仅耽误病人家属的时间，也耽误病人的休息，拖延了病情。虽然许多医院在网上开通了专家号预约服务，但只要动作慢，就会抢不到号，依然需要亲自去排队。

广州解放军第四五八医院，是一家集医疗、教研、预防、康复、保健为一体的现代化大型综合性三级甲等医院，是广州市120医疗急救网络医院。

广州解放军第四五八医院，开通了二维码预约挂号服务。只要扫医院的二维码，就能够预约挂号。（图1–8）

据了解，这种利用手机的摄像头识读，扫描二维码即可与专家展开即时交流的一种新型便民服务，从实施到现在不过是短短的时间，却取得了良好效果。患者纷纷表示该措施方便了挂号，节省了时间，使就医变得简单、快捷，受到广大患者的好评。

扫一扫，体验二维码预约挂号服务

解放军四五八医院专家表示，“手机二维码”在很多服务行业已经被广泛使用，解放军四五八医院开通这项服务，在广东各大医院尚属首次，皆在方便患者，是医院与时俱进、服务人性化和科技创新结合的体现。患者利用智能手机，按照医院提供的说明，下载并安装相应软件，进行扫描，就可看到相关信息。即使离开医院，拍下二维码也可以看到相关信息。

图1–8　广州解放军第四五八医院官方网站二维码

据了解，这种利用手机的摄像头识读，扫描二维码即可与专家展开即时交流的一种新型便民服务，从实施到现在不过是短短的时间，却取得了良好效果。患者纷纷表示该措施方便了挂号，节省了时间，使就医变得简单、快捷，受到广大患者的好评。

广州解放军第四五八医院专家表示，手机二维码在很多服务行业已经被广泛使用，广州解放军第四五八医院开通这项服务，在广东各大医院尚属首次，旨在方便患者，是医院与时俱进、服务人性化和科技创新结合的体现。患者利用智能手机，按照医院提供的说明，下载并安装相应软件，进行扫描，就可看到相关信息。即使离开医院，拍下二维码也可以看到相关信息。

医院开通二维码挂号服务，主要是因为二维码更简单、快捷。只需两秒钟，就可以进入预约挂号界面，扫码后按照提示发送短信就可以了。（图1–9）

图1–9　广州解放军第四五八医院扫码后界面

二维码挂号，具有高效、环保、快捷等特点，既省钱，又省时。这样的二维码，不仅方便个人，也方便许多需要提前预约的企业团体，比如美容院、酒店、餐厅等。

营销小贴士

二维码服务，其实是互动营销的一种方式。如果二维码在服务上不能让消费者感受到便捷，那么将会失去其营销的优势。而消费者不满意，自然也就不会为企业带来收益。

营销功能：无人值守也能带来收益

手机移动商务，顾名思义，其实质就是消费者能够通过手机实现电子商务功能。比如：利用手机进行网络支付、缴费等与商务有关的活动。目前，手机用户已超过电脑用户，只要手机用户看到二维码的广告或信息，他们就能通过扫码进行消费。

无须口舌介绍，客户自动找到企业

以前，企业会在地铁、杂志、电视、宣传单上等做广告。消费者看到广告后，如果对企业的产品感兴趣，需要打电话到企业的客服部门咨询，通过特定的渠道，企业才能将产品提供给有需求的消费者。随着二维码的出现，它更多地承担了“客服人员”的工作，无须人工介绍，消费者就可以自助查询。

易到用车，是最具有创新商业价值的网上预约汽车服务平台，2010年5月成立，总部设在北京。该公司运用“共享加盟+服务平台”全新商业模式，为商务出行需求较大的人士，提供全方位的用车服务。

坐地铁的时候，总能够看到地铁内的广告海报。现在，许多企业都在海报上加了二维码。有了二维码后，海报都可以变得简单，只需要贴上一个二维码，乘客想要的信息都装在二维码里。易到用车便是这样做的。（图1–10）

这样张贴海报简单、大方，乘客一目了然。如需要用车，扫码下载该公司的APP，无论是用车、咨询或预约，都可以通过扫码得到解答，无须任何人工讲解。（图1–11）

图1–10　易到用车地铁门上的海报

图1–11　易到用车客户端主界面

二维码代替了人工办理，省去客服人员的讲解。只要扫码，消费者可以自己按照提示操作。无论是预约，还是接机、送机，都可以自助办理，全程无须人工服务。

二维码，说出企业故事与信息

无论企业在电视、地铁、公交上，还是在平面媒体、传单上做广告，想为广大消费者推广企业信息，都是吃力不讨好的。一是时间、版面有限；二是即使做了宣传，冗长、枯燥的企业信息，对消费者来说完全没有吸引力。当在这些媒体附上二维码后，二维码解决了这一麻烦，不仅说出企业更多的故事与信息，还能在互动中获得客户的联系信息。

2014第三届北京国际旅游博览会的宣传海报上都印有巨大的二维码，用户可借助手机移动平台，将旅游博览会的详细信息通过扫码获取到自己的

手机上。（图1–12）

图1–12　2014北京国际旅游博览会公交车上的海报

消费者接收到后可以自助查看企业信息、活动简介，判断是否需要参与该活动。为了提供更多方便，企业还在信息介绍页面设置了资料填写功能。参观者如果想要参与活动，就随时随地可以报名。（图1–13、图1–14）

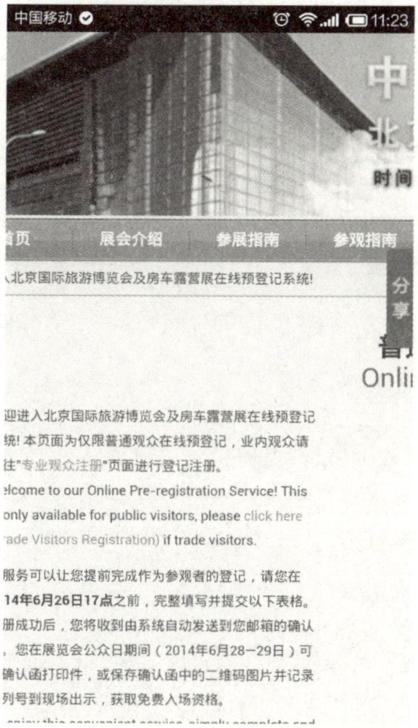

图1–13　2014北京国际旅游博览会官方网页界面

图1–14　2014北京国际旅游博览会官方网页资料填写界面

这就是无人值守的二维码，为企业大大减少了营销成本，减少了沟通的问题，也省去了消费者须亲自报名的麻烦。

营销小贴士

“虚拟营销员”二维码，带动了企业的二次宣传、二次营销，把线下的活动信息，通过二维码传达到线上，吸引消费者扫码，建立与消费者直接的联系。做二维码营销时，要尽量避免出现支付问题。只有这样，才会赢得消费者对企业的信任。

联络功能：别怕，找它准没错

据统计，2014年，中国市场上手机的销售已达4.435亿部，使用手机的用户超过10.75亿人。身边的人除了儿童，大部分人都拥有手机。这个统计数字是相当惊人的，也表明移动数字营销存在着巨大的潜在市场。

手机扫码，建立面对面交流

消费者在点击进入企业网站，对企业某些产品感兴趣时，需要在网页上找到企业的联系方式。而有些企业网站的电话一般是客服电话，无法建立起对企业的亲切感。二维码在功能上，多了联络人功能，让企业与客户建立最直接的交流。

全房网是中国专业房产营销服务平台，主要设立了二手房、租房、经纪人、新房、装修、小区百事通、业主论坛等频道，为客户提供免费发布、快速搜索、免费评估、免费咨询等服务。全房网在官方网站上开通了经纪人电话二维码，扫码就能将经纪人电话保存到手机中，第一时间与房产经纪人取得联系。（图1–15）

客户减少了通过查找、搜索等功能寻找经纪人等步骤，以方便精准定

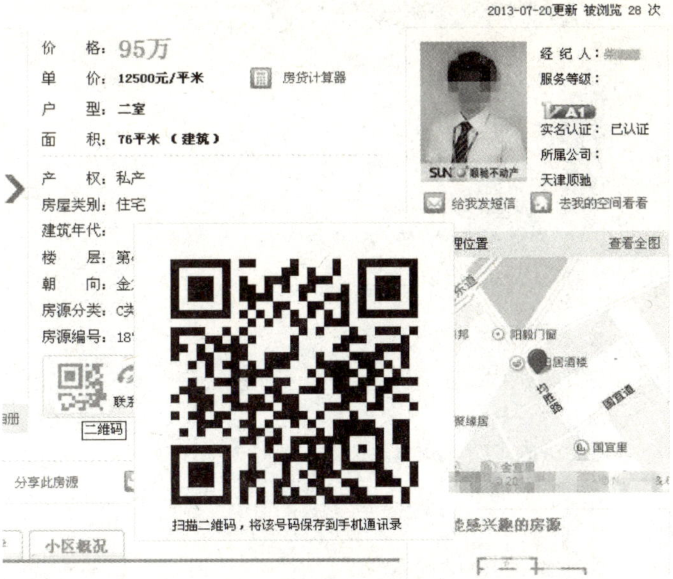

图1-15　全房网经纪人个人二维码

位找到适合自己的房源。在联络人功能上，全房网在每个经纪人下面放置了一个二维码。（图1-16）通过扫描这个二维码，客户就可以建立与其经纪人的联系，方便客户寻找适合的、客户所在区域的经纪人联系方式。（图1-17）

图1-16　全房网经纪人二维码

客户只要扫码，就能将经纪人的信息全部获得。即使客户对某个户型不是很满意，也可以通过二维码找到经纪人，查看该经纪人手中的其他房源信息。客户还可以随时咨询在线房产经纪人，获得与专业人士的无障碍沟通服务。

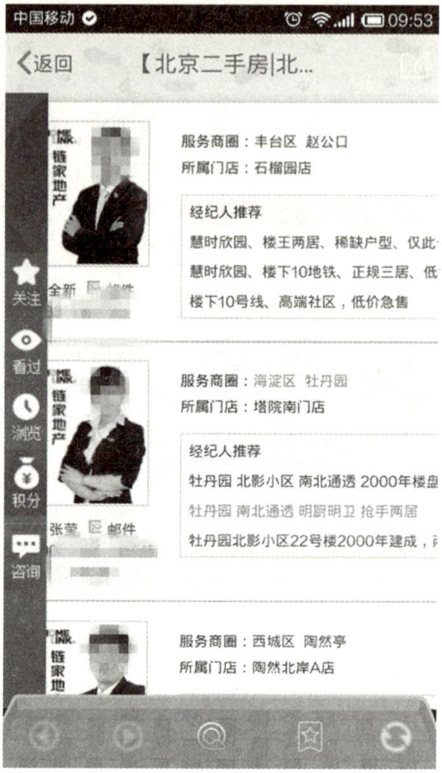

图1-17　全房网经纪人界面

扫码找到企业，精准无差错

逢年过节或朋友聚会，总会有一些小礼物相互赠送。有些消费者收到的礼物非常喜欢，却不知道朋友是通过什么渠道买来的。以前，通过外包装的网址找到企业，但遗憾的是，无论是企业电话或网站信息，都是为了让消费者了解企业，或者为一些想加盟企业的经销商准备的。有时一个字母输入错误，都会导致无法链接到企业的网站上。二维码在联络人的功能，可以帮助消费者第一时间找到企业。

茗博世家是一家以销售普洱茶为主要业务的电商。公司成立于2012年，位于云南省昆明市，是云南茗博赋商贸有限公司旗下品牌，主要经营产品有：生产销售产自云南的野生古树茶，乔木古树茶，有机台地茶，生普系列、熟普系列、滇红系列普洱茶等。

在茗博世家的外包装、茶饼、赠送的茶刀、茶样上都能看到印有二维码。无论消费者喜欢哪一款产品，都可以随时扫二维码，查看商品的详细信息。省去了输入网址、打电话的麻烦，让消费准确无误地找到企业。（图1–18）

联络人二维码，有着极高的准确率。二维码被破坏三分之一，依然可以被扫出来。联络人二维码在制作时可以将经销商和个人分开，企业建立一个企业官方网址的二维码，方便经销商来加盟企业；再建立一个针对个人淘宝销售的二维码，这样就可以随时随地与买家进行一对一沟通。

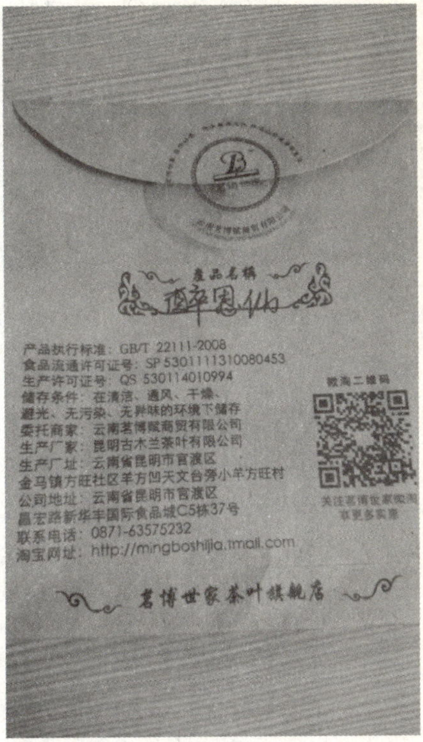

图1–18　茗博世家茶样包装上的二维码

营销小贴士

企业在包装上做联络人功能二维码时，切勿花哨，否则在送礼时，会让对方觉得送自己的商品是便宜货或者打折商品。如果企业有特殊活动，想通过活动来吸引消费者，可以针对不同活动进行创新包装。

传送功能：不用手机号码也能发送短信

手机普及之初，企业经常通过发送短信的方式进行营销。后来，又开拓了电话营销，通过拨打潜在消费者手机，与之进行电话沟通，推销产品。如今，二维码已经非常普及，逐渐代替短信发送功能。消费者只要扫码，就能够将既定的短信内容发送到自己的手机上。

二维码短信，省钱、省时

二维码的真正载体是人们日常生活的必需品——手机。只要消费者手中有一部手机，就能够随时随地根据自己的喜好主动扫码。而企业的短信群发功能的营销，则是以传统上的消费者被动接收企业信息方式进行。随着不法分子使用手机盗取个人财产的新闻不断出现，人们对企业短信也在逐渐提高警惕，企业在做手机营销时采取新的措施也是势在必行。

呷哺呷哺管理有限公司成立于1998年，是一家国内首创的大规模吧台式涮锅连锁企业。公司以新颖独特的就餐形式和亲切温馨的家庭式服务，走出了属于自己的中式火锅快餐之路。

近年来，呷哺呷哺开通了官方微信二维码，第一时间抢占微信市场。他们把新品推介、活动优惠以微信的形式发送到消费者的手机上，并通过微信提醒铃声来提醒消费者，企业有消息发布进来。微信起到了短信宣传的作用。相比之前版本，微信的短信功能在字数、图片处理等方面都得到了提高，而在费用上却节省不少。（图1–19）

图1–19　呷哺呷哺官方微博二维码活动图片

消费者看到该活动宣传后，可以自主确认是否参与到活动中来。如果想咨询企业的活动，还可以通过微信聊天的方式直接与企业沟通，随时随地与企业建立互动。（图1–20）

如今，新型骗子越来越多，许多消费者手机上都自备短信屏蔽功能。企业的短信还未送达消费者的手机中，就被手机管理软件屏蔽，根本无法看到企业信息。扫二维码加微信的形式相较于之前短信营销更安全，而且能更为准确地定位目标消费群体。使用微信发送活动消息时，还可以在后台对粉丝进行分组，从而有目的、有针对性地推送。

移动短信，多种服务一次性发送

二维码不仅能够快速宣传企业的一切活动与信息，而且能够利用手机的便利使营销实现盈利。在移动互联网时代，除了微信，如今企业还能通过各种APP软件来达到营销的目的。而APP软件上附带的二维码也起到了代替短信功能。企业可以通过APP软件将所有的产品信息、推广活动等发送到消费者的手机中。

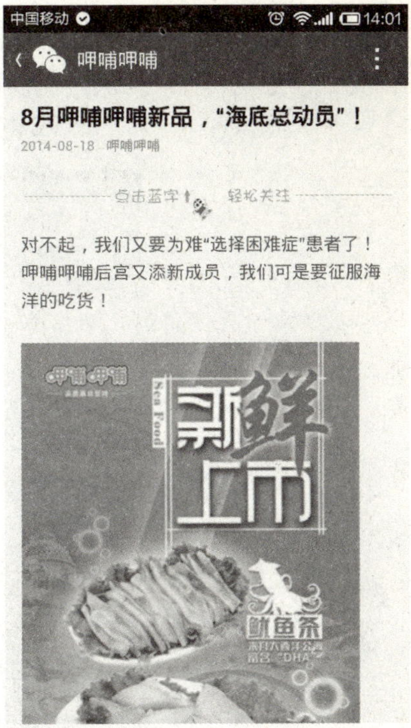

图1–20　呷哺呷哺官方微信活动界面

携程旅行网，创立于1999年，是中国领先综合性旅行服务公司，为广大消费者提供酒店预订、机票预订、旅游度假、商旅管理、美食订餐及旅游咨询等全方位旅游服务。

携程旅行网目前已开通了二维码下载APP功能。消费者下载APP后，可以随时查看该企业的相关信息。企业推出新活动时也可以使用铃声提醒功能，提醒潜在消费者查看最新信息。（图1–21）

图1–21　携程旅行网官方网站二维码

消费者打开企业发送的最新消息后，可直接进入企业APP，自主选择是否参与该活动。APP在操作上更简单快捷，更方便消费者使用。消费者可以通过这些手机软件，办理该公司提供的所有业务。（图1–22）

图1–22　携程旅行网APP主界面

如今，微信、QQ等手机软件代替了人们的短信、通话功能。人们传送信息可以通过网络免费发送到另一端手机上。企业也可以利用新的营销形式，随时随地、更为人性化地为消费者提供服务。

营销小贴士

虽然APP、微信都有发送消息提醒功能，与普通短信宣传在本质上无异，但企业在宣传时也要注意适时、适量。发送的时间不对，推送数量过多，都可能使消费者产生逆反心理，甚至取消企业关注或者卸载该企业APP。

追溯功能：让消费者吃得放心

对于企业来说，企业的关注点永远放在如何营销、如何推广、如何宣传等环节上，对于二维码的运营也是如此。事实上，那些将二维码用在服务上的企业也获得了成功，这要求企业在做二维码营销时，应注重多方面发展，这样才能让二维码在功能上大放异彩。

家畜家禽上的追溯功能

近年来，苏丹红、地沟油、过期鸡肉、瘦肉精、转基因食品等假冒伪劣农贸食品令许多消费者不安。每隔一段时间就会有新的食品被迫上“头条”，让消费者对食品、企业失去信任。企业不得不寻找新的方法，证明自己所生产的食品是安全的。

一些聪明的企业更了解消费者对食品的这种不安的心理，利用二维码开发了产品追溯功能。消费者通过扫描动物身上的二维码，从而查明食品的出生日期、产地、饲料等信息，让每个动物身上都贴上自己的“电子身份证”。消费者一旦发现问题，就可以通过二维码，第一时间找到病源地。（图1–23）

2010年，新疆阿克苏州阿合奇县畜牧部门工作人员就开始为自己的羊群佩戴二维码标识，并通过移动通信网，将各地的数据汇总到中央数据中心。这样一来，消费者可以通过扫码来查询动物疫病信息、饲养信息等，实现动物从出生到防疫、屠宰、运输等各个环节的监控。

在传统的食品管理上，除了国家制定的相关法律外，还需要企业自我监控。传统的经过层层的各个环节，食品的来源已经不知所向，这样不仅不能使消费者满意，而且追溯起来非常麻烦。而二维码溯源功能则完全不用消费者担心该问题，只要消费者扫码，家畜家禽的所有信息都会一目了然地出现在消费者的手机中，让消费者维权更容易。

图1-23　中国新疆移动公司官网畜牧食品安全二维码图片

目前，动物二维码追溯功能已经在全国许多地方陆续推广，让家畜家禽从出生到销售每一个环节都被监控下来，并通过二维码的技术，让消费者吃上“放心肉”。

果蔬上的溯源功能

除了对肉类食品溯源外，二维码溯源功能还运用到了蔬菜、水果上。2012年12月，海南“冬交会”上，有352种农产品携带了溯源二维码，把海南果蔬从田间地头直接推向市场。

企业和消费者想要了解农产品信息，只要通过扫描果蔬上的二维码，便可以了解到该果蔬的名称、保质期、产地、生产厂商等信息。（图1-24）

二维码在果蔬上的使用，帮企业提高了竞争力，同时，还能够打击山寨产品。在新西兰，溯源技术就应用到了葡萄酒酒标上，只要扫码葡萄酒上的二维码，就能找到该葡萄酒的信息详情链接。该葡萄酒的原产地、出产年份、葡萄品种、产品介绍等信息，会一一显现在消费者手机屏幕上。这样能够让消费者选购产品时更放心，为食品安全进一步提供保障。

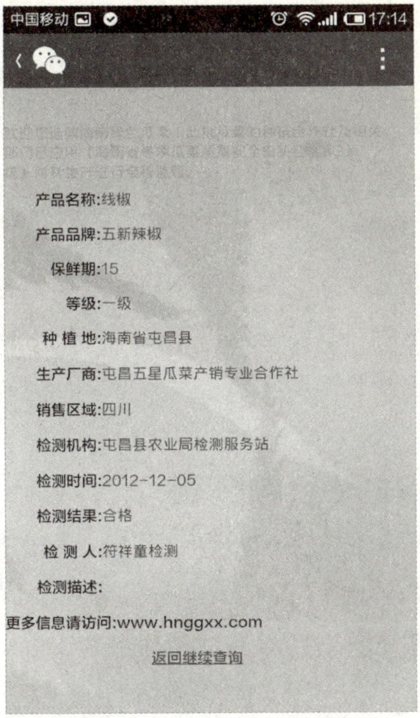

图1-24　海南农产品二维码扫码后产品信息

营销小贴士

在二维码溯源功能上，食品管理主要是杜绝有害食品流入销售渠道，保证消费者的人身安全，让消费者对自己所购买的产品有知情权。但是，在许多果蔬、养殖类产品的溯源二维码上，许多企业都是直接贴到产品上的，但有些产品并不适合这样做，为了使食品更绿色健康，二维码显示更清晰，现在越来越提倡生产商将二维码印在产品的包装上。

交易功能：扫码就能支付

现如今智能手机飞速发展，对线下销售造成巨大冲击。许多企业通过二维码来抢占移动电商入口。二维码的应用在未来的营销模式中不可小觑，更是令商家看到广阔的“钱景”。

二维码交易，支付方便快捷

网络的发展，许多企业把商品搬到了线上，通过网络来进行支付。消费者只需要坐到电脑前，通过PC终端就能选购商品。而二维码的出现，慢慢改变了消费者的交易方式。消费者通过移动网络在手机终端看到喜欢的商品后可以直接进行交易。

苏宁是中国电商界的领先者。该公司经营商品范围广泛。融合了线上与线下双发展的新趋势。线下实体门店多达1600家，线上苏宁易购在B2C位居国内前三。

苏宁电器为了省去消费者付款需排队时间，接入二维码支付端口。走进苏宁电器实体店，可以看到每个商品价格单上，都贴上了二维码，消费者只要通过扫码就能随时随地实现支付。（图1–25）

图1–25　苏宁电器实体店电脑商品二维码

手机扫描商品二维码后，可以查看商品详细信息，满意后立即点击交易，无须传统方式到收银台支付。这种支付方式从根本上改变了消费者的购物方式。（图1–26）

图1–26　苏宁电器商品扫码后的支付页面

在电商业，手机扫描移动支付并不少见。但在线下实体店内购买商品时，使用手机支付的店商却不多见。这样的支付方式为消费者带来新的支付体验，让企业第一时间找到客户。

二维码交易，抵制假冒伪劣

网络购物，虽然便捷，但也存在一定的风险。网友一不留神很可能中木马病毒，或者在一些网络商店买到假冒伪劣商品。而二维码交易功能，能够有效地减少这种现象发生。只要消费者所扫的二维码是正规企业推出的二维码，就可以规避这种风险。

国大36524（国大连锁商业有限公司），是河北较早实行规范化管理的现代化商业连锁企业。目前，国大36524便利店在石家庄已发展到200余家。在河北省的平山、正定、灵寿、栾城和衡水等九个县市也已发展到300余家。

在国大36524便利店，可以看到橱窗贴出的商品二维码。由企业实体店内贴出的海报能够保障网络支付的安全性和产品的质量。消费者通过这个图案，就可以放心购买商品。（图1–27）消费者扫码后进入的页面为企业所发布的官方页面，可以放心支付。（图1–28）

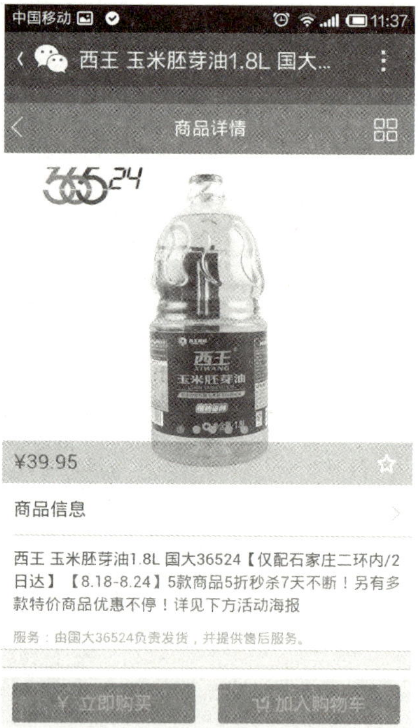

图1–27　国大36524便利店二维码海报　图1–28　国大36524便利店京东商城窗口支付页面

对于企业，无论是网络支付还是二维码支付，都要保障消费者的合法权益。一旦消费者在支付安全上出现问题，企业失去的不仅是客户，还会损害企业的形象和声誉。

营销小贴士

线下超市、便利店等连锁经营企业经常会在小区、社区通过海报赠送来提醒消费者优惠活动。做二维码营销时，可以为海报上的商品贴上二维码，来带动企业线上营销。

GPS功能：原来我在这里

二维码应用在旅游业，可以为消费者提供查找酒店、景点、美食等服务。只要一个小小的二维码，一切可以轻松搞定。在北上广及其他大城市，虽然大家生活在同一城市，但并非每个人都了解自己所在城市的地理信息及所处位置。

扫码找车很简单

周末一般的城市居民喜欢开车旅行、去商场购物、去游乐园陪孩子放松……当人们游玩过后、满载而归时，才发现自己的爱车找不到了。由于对所处地形不了解，在寻找爱车过程吃尽苦头。随着二维码功能的开发，二维码还具备找车功能，通过手机扫码，实现可视化实景找车模拟场景。

找车易，是北京九五智驾信息技术有股公司开通的找车功能的APP软件。它可以使用数据线和扫描二维码的方式下载到手机中，并通过对用户爱车的定位，带领用户找到自己的爱车。

用户去商场或游乐园之前，可以通过扫码将“找车易”软件安装到手机中，方便随时定位爱车，通过软件找到爱车。（图1–29）用户来到停车场、停好车后，通过找车易软件定位爱车位置，还可以通过记录照片功能将爱车所在位置拍下来。（图1–30）

无论何时，车主回到爱车所在区域后，打开“找车易”软件，可以进入到

图1-29　苹果园网“找车易”软件二维码界面

“回到位车位置”界面。软件的地图会带领用户GPS导航定位，一直到用户找到爱车为止。（图1-31）

“易找车”在二维码的上开发的新功能，方便了企业和客户，也启示其他企业可以在自己的地下车库张贴这样的二维码，方便客户找车，为企业带

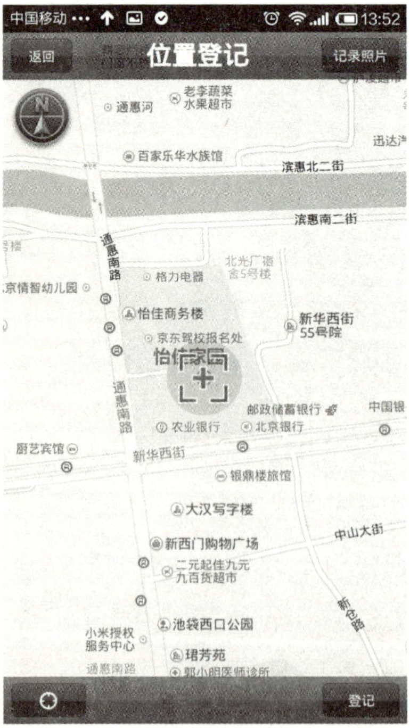

图1-30　“找车易”APP定位汽车系统地图界面

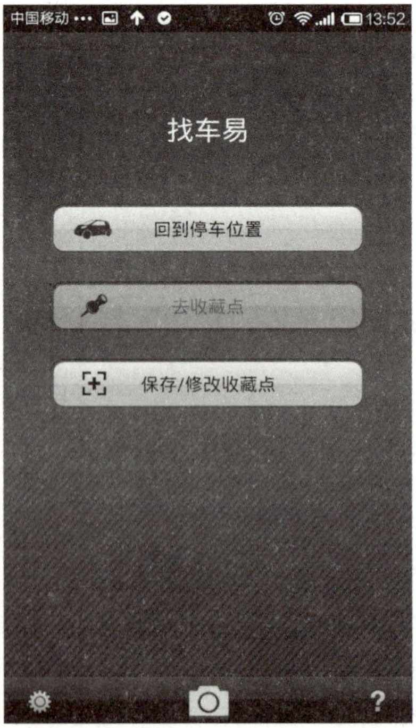

图1-31　“找车易”APP“回到位车位置”界面

来便利。

扫码定位，让你无处可逃

众所周知，消费者想从网上订餐，需要经过网页查找、搜索附近店、再找到企业电话等几个步骤才能订餐成功。有了二维码后，外卖服务可以自助定位用户地理位置。无论用户在哪里，都可以自动寻找店家地理位置，实现快速订餐，用户只需要在自己所在的范围内寻找适合自己口味的饭馆就可以了。

百度外卖，是由百度打造的一个生活服务类平台。该网络平台于2014年5月20日首发，主要以外卖为切入口，未来有望衍生为社区综合服务平台。目前百度外卖已与北京、上海、苏州、南京、杭州等地近千家商户进行合作。

在百度外卖宣传的海报上，消费者只要扫码就能进入该APP店网，并通过百度外卖自动获取用户地理位置服务，即时实现网络订餐。（图1–32）

图1–32　百度外卖海报

如果用户更新地理位置，百度外卖依然可以通过定位系统，为用户推荐用户附近的菜馆。（图1–33、图1–34）

图1–33　百度外卖获取用户地理位置

图1–34　百度外卖推荐用户菜馆页面

通过GPS定位，百度外卖还可以将用户地理位置信息发送给店家。通过准确的地理位置，让店家把外卖以最快的速度送达消费者手中。

营销小贴士

在获取了用户地理位置后，企业还可以将附近店面优惠券、会员服务、新品上市等活动信息，发送到附近用户的手机上，让消费者第一时间就能够了解信息，参与到活动中来。

文字功能：要说的话都在这儿

二维码是一个神奇的东西，它可以承载文字、图片、视频、网站等格式；又可以有定位用户位置、商品支付、搜索查询等功能，成为实实在在的"万能码"。微博、微信、微店等让人们进入了"微"时代，而二维码同样"微"振天下。

二维码，为读者带来移动阅读体验

随着科技和信息的发展，电子阅读成为人们日常主要的阅读方式之一。新闻、杂志、图书，都可以在网络上进行查找并阅读。不少年轻人会在入厕、排队等候等碎片时间拿出手机，浏览一段文字。纸质阅读也发生着改变，纸媒企业通过二维码，满足读者电子阅读需求。

《山海经》杂志是由浙江省文学艺术界联合会主管，浙江省民间文艺家协会主办的一本杂志。1982年创刊至今积累了不少读者。该杂志在栏目设置上有：中国新故事、中篇故事、计谋故事、悬疑故事、幽默故事等十几个栏目。

下图是《山海经》杂志的二维码，读者想要阅读该杂志故事，只要扫码，就能随时阅读到该杂志内容。把所有免费故事通过二维码全部打包到自己手机中。（图1–35）

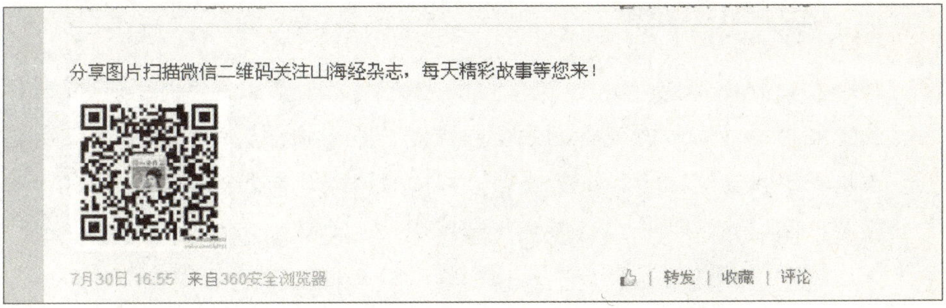

图1–35 《山海经》杂志官方新浪微博二维码

读者扫码后，关注《山海经》杂志官方微信，企业通过微信推送，定期将一个个精彩的故事，推送到读者的手机中。（图1–36）

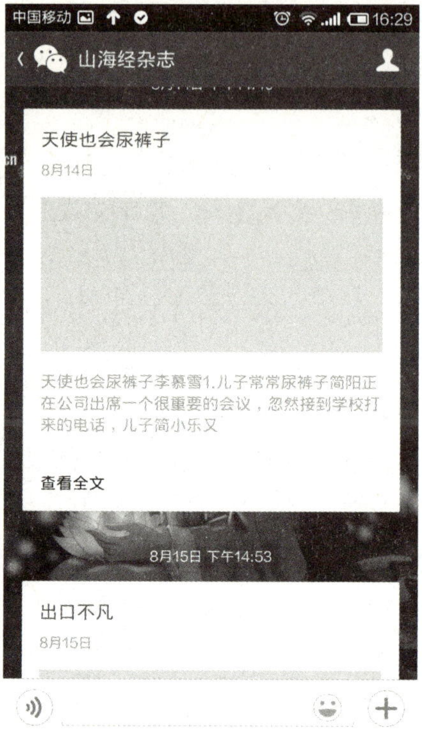

图1–36 《山海经》杂志微信主页界面

杂志通过二维码打破传统阅读方式，实现无纸化阅读。积极使用二维码提升杂志的品牌品质，使杂志既有纸媒读者，也有网络读者，极大丰富了读者的阅读体验。

二维码，打开阅读大门

网友无论在看微博、读新闻或看视频时，都能感觉到二维码的存在。而有些企业为了节省版面或者因为字数限制，把一切想说的都放到了二维码里。当网友想看这些内容时，必须通过扫描二维码才能看到。

铁葫芦图书，是一个高品质的民营图书策划品牌。图书选题涵盖文学、艺术、历史等人文领域，致力于在现代商业社会精神荒漠上开掘一泓甘泉，润泽都市大众心灵、灌溉人文思想。

网友都知道，在微博的文字输入框里140个字为极限。许多企业在发布微博时，都会将余下未说的话放进了二维码里。而微博上的140个字，正好能够起到简介的作用。（图1–37）

在“#晓说#”这个话题里，加入了二维码这扇“门”，通过它可以打开其背后的文字内容。（图1–38）

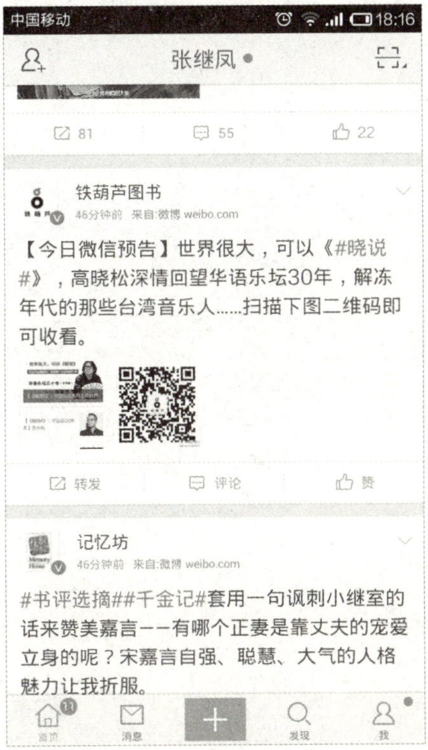

图1–37　铁葫芦新浪微博上的二维码截图

图1–38　铁葫芦图书微信界面

二维码的文字容量上，无论企业想说多少话，都是可以畅所欲言，二维码有着强大的包容性。而手机扫码的速度，比手动编辑网址要快20倍。可想而知，使用二维码为人们带来多么方便、快捷的阅读体验。

营销小贴士

二维码文字功能，最终目的是为读者提供他们感兴趣的内容，所以企业勿将的广告插入到文字中。因为读者想要的是阅读文字内容，只需将这些信息提供给读者，读者就已经能感受到企业的人性化服务了。如果将广告放到文字中，会破坏读者的阅读体验，甚至会使读者感到厌烦，对企业造成不良的影响。

加密功能：储存信息更安全

很多人都会想当然地认为：用手机上的二维码扫描软件，就可以扫描出所有的二维码。事实上，这样的想法是错误的。

在医院、银行、工商业等领域的机要部门，许多二维码为企业存储信息使用的，只有用特殊的扫描工具才能扫描出经过这些处理的二维码。这类处理过的二维码多为机密文件，为了防止信息泄露，都对其做了加密处理。

火车票加密，犯罪分子无法盗取个人信息

二维码的加密使用，已经应用于火车票上。最初，火车票施行实名制，票务上的二维码是可以被扫出来的，所以不法分子通过火车票上的二维码，盗取个人信息。这也成了铁路部门和公安的打击重点。如今，每个火车票都做了加密处理，只能通过火车站工作人员特殊的扫码器，才能够扫描出个人信息。（图1–39）

做过加密处理的新一代火车票，对着火车票上的二维码扫描，扫码软件无法对其二维码进行自动识别，扫描软件一直处于扫描状态。（图1–40）

看过电视节目《最强大脑》的观众可能会有疑问，一些所谓的条码、二维码高手，几乎可以达到人眼扫描境界。例如，只要让他们看一眼二维

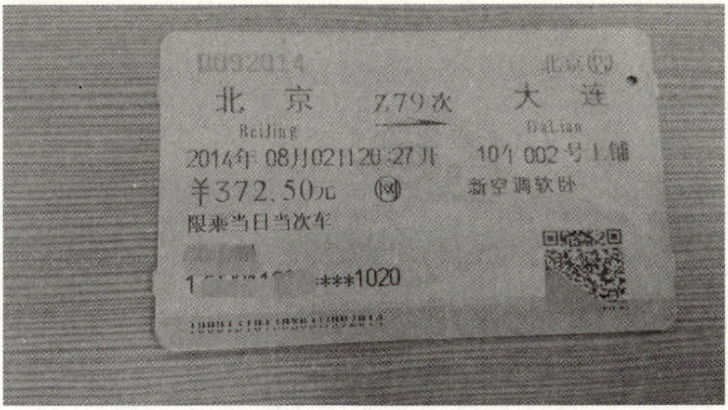

图1-39　火车票上的二维码

码，就可以推算出其中的内容。火车票上的二维码能逃得过人眼扫描吗?

普通二维码的算法为QR码，生成与识别的算法在国际上是公开的。而扫码器也正是运用这种算法来对二维码进行解读。但火车票上的二维码，在生成之前对其进行了加密，打乱排列顺序，因此是QR算法识别的软件无法扫描出来的。

虽然火车票上的二维码已经对其进行了加密处理，但为了能够更好地保护个人信息，乘客要妥善保管车票，如要丢弃，一定要撕毁火车票，尤其是二维码区域。

图1-40　我查查扫描火车票二维码

支票上的二维码，防伪、储存两不误

二维码技术非常优越，也被各行业应用。国内的二维码软件制造商和识读机具制造商也逐渐增加。但许多企业采用国外厂商提供的软件，使二维码无法实现内层加密。无法满足每个行业管理上的需求。

但随着二维码技术的提高，银行业也使用了二维码，将二维码印在支票上，作为防伪之用，让假支票无法逃脱银行的法眼。但为了让支票能够保障客户的个人信息，对该二维码进行了加密技术。利用二维码编码软件源的程序，对二维码内部进行加密。在信息生成二维码后，改变二维码内部某个部分点的陈列来实现该技术。

随着企业的发展壮大，企业越来越重视自身的品牌的保护及物流管理。在内部管理上，企业可以将机密文件、客户资料等重要信息放进二维码内进行加密处理，为企业带来更多保障。在市场上总有假冒伪劣、经销商窜货等行为，严重威胁着企业形象与企业效益，而二维码的加密技术，也能够帮助企业在混乱市场中找到防伪辨真的方法。

营销小贴士

在二维码加密功能上，一定要选择可靠的二维码软件制造商，否则，二维码不但无法起到保密作用，还会泄密，最终对企业造成损失。

第二章

总有一款适合您：二维码扫描工具面面观

二维码盛行的今天，无论是谁，手机中总有几个扫描二维码的软件，可以随时随地地识别、解读商品条码和二维码。既然高科技产品有着如此强悍的功能，那么作为商家，更要为用户提供更方便、直接的扫码服务，这样扫码软件才能成为用户手机中必备的工具。

腾讯微信：功能强大的新聊天伙伴

微信是当下年轻人手机必备聊天工具。随着微信版本不断升级，越来越多的功能集中在微信中，微信中的扫码软件也逐渐成为人们最常用的扫码工具。

微信是由腾讯公司推出的一个提供即时通信服务的免费软件。用户可以通过移动设备或者网页快速发送语音、图片、文字和视频等。微信还为用户提供朋友圈、消息推送等功能。用户可以通过摇一摇，搜索到附近的号码，也可以通过扫二维码的方式添加好友或者微信订阅号。

用户登录微信后，将主界面切换到“发现”界面。（图2–1）在“发现”界面，可以看到“扫一扫”功能。点击“扫一扫”后，用摄像头对准二维码，便可以开始扫描二维码。（图2–2）

图2–1　微信“发现”界面

图2–2　微信“扫一扫”界面

微信“扫一扫”有扫条码、扫封面、扫街景、扫翻译等功能。

微信扫码软件有着庞大的用户群。除了几亿用户外，许多企业都开通了官方微信。使用微信扫码功能，可以即时添加企业订阅号。唯一不足的是，如果是淘宝之类的商业链接，则无法链接到该地址，微信会自动屏蔽一些非合作方的企业信息。

营销小贴士

微信不仅为用户提供扫码功能，还能为用户自动生成微信二维码。有了微信二维码后，添加好友、公共订阅号都会增加用户对扫描功能的使用。微信推出网页版后，登录网页不再使用传统的用户名、密码登录，而是通过手机微信软件扫描二维码的方式登录，这在登录上更方便安全。

UC浏览器：浏览大千世界的万花筒

每位用户手机中都有必备的浏览器，方便手机用户在使用中浏览网页、查询信息、下载软件。如今，浏览器为了吸引更多用户，UC浏览器在功能上增加了扫描功能，让UC浏览器变得更强大。

UC浏览器是一款全球领先的智能移动浏览器。它兼备cmnet、cmwap等联网方式，具有独创的U3内核和云端技术，支持HTML5应用，具有智能、极速、安全、易扩展等特性，让用户可以在手机上读小说、上微博、看视频、下载软件、玩游戏以及上网冲浪等。

用户启动UC浏览器后，在主界面的上方可以看到一个方形图标。（图2–3）点击方形图标，可以立即进入扫描功能界面，在扫码区，将二维码放进去，便可以对该二维码进行扫描。（图2–4）

UC浏览器可以在用户使用手机浏览器时，将看到的二维码随时随地扫

图2-3　UC浏览器主界面

图2-4　UC浏览器扫描界面

描进手机中。在扫码功能上，UC浏览器还可以扫描条码，将商品上的条码对准到扫描区，可以查询商品价格和信息，与其他软件相比，UC浏览器借助自己浏览器优势，无论扫描出何种信息，都能第一时间通过扫描出来的文字信息来进行模糊搜索，把更多信息发送到用户手机中。唯一不足的是，用户所扫描的二维码为微信二维码时，页面会自动跳转微信下载界面，如取消下载，二维码则扫描不成功。这也为用户带来了不便。

营销小贴士

在扫描二维码、商品条码时，许多企业可以与UC浏览器合作，只要二维码或者条码中出现企业信息，就可以通过UC浏览器自动搜索出该企业的网址等更详细的信息。

新浪微博：发布信息、分享心情的自媒体

新浪微博最初功能定位不过是“短日记”，即博客的压缩版。但随着新浪微博经营范围不断扩大，用户数量越来越多，社会影响力也越来越大。当新浪微博变为企业营销的APP时，怎么能少了扫描功能呢？

新浪微博是一种“微型博客”，或者叫“一句话博客”。用户通过网页、WAP页面、手机短信/彩信发布消息或者上传图片，将自己所看到的、听到的、想写下的事件或心情感悟，写成一句不超过140个字的话。微博提供插入单张图片或多张图片、视频地址、音乐等功能。

用户打开新浪微博APP后，在主界面右上方可以看到有一个方形图标，点击方形图标即出现“扫一扫”功能。（图2–5）点击“扫一扫”后，即可进入手机扫描功能，这时将手机扫描区对准二维码，便可以扫描出信息。（图2–6）

新浪微博在扫描功能上，还可以扫描条形码，并为每个新浪微博用户生成了一个专属的二维码。当用户想添加明星、企业或朋友关注时，可以通过扫描二维码，即可找到被关注的人，省去了再登录的麻烦。其缺点也与UC浏览器一样，无法直接添加微信关注。

营销小贴士

新浪微博的二维码逐渐为各行各业所用。无论大企业还是小公司，抑或卖零食的小商店，都可以有自己的微博并生成独立的二维码。这些二维码都可以印在名片、商品、外包装上，通过扫描软件，可以为企业和店家带来粉丝。

图2-5　新浪微博主界面

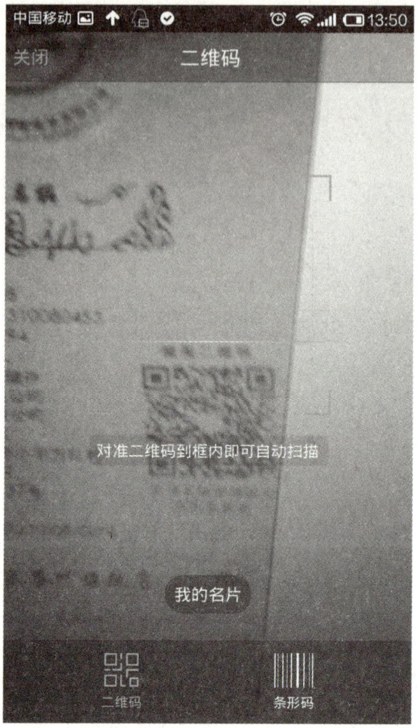

图2-6　新浪微博“扫一扫”功能界面

手机淘宝：移动网络购物的百宝箱

淘宝是电商业中最大的一家。在移动互联时代，淘宝将许多“爪机党”移师到了手机淘宝。手机淘宝不仅可以购买商品，还能进行二维码扫描，让手机淘宝随时紧跟潮流。

手机淘宝，是中国最大的零售商平台淘宝网旗下开通的手机交易平台。在淘宝上能够查询和购买到的商品，手机淘宝一样支持购买。手机淘宝客户端JAVA3.1，最大的特色便是运行速度快和节省流量，同时，支持非智能手机下载安装。

用户打开手机淘宝后，在主界面会看到“发现”菜单。（图2-7）点击“发现”菜单后，页面跳转到扫描功能介绍界面。（图2-8）

扫描二维码，点击“立刻扫条码查查看”菜单，即跳转到扫描界面。（图2–9）

图2–7　手机淘宝“发现”菜单界面

图2–8　手机淘宝扫描功能介绍界面

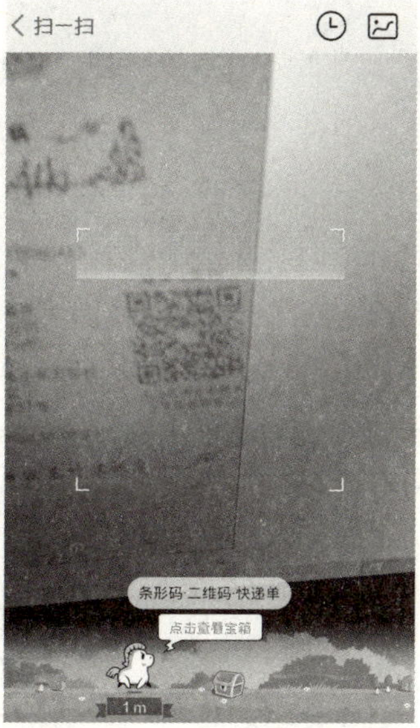

图2–9　手机淘宝扫描界面

手机淘宝在扫描功能上更具实用性。可以扫描条码辨真伪，扫描二维码、条码，同时制作快速服务码。用户可以根据自身需要，扫描不同商家的二维码。同时，还可以点击查看“我的包箱”，只要手机扫二维码，还能够参与抽奖活动。同时，扫描淘宝、天猫、阿里巴巴等店铺和商城信息，可以立即跳转到相关电商网页，直接与商家交易，省去登录的麻烦。在扫微博二维码时，系统会自动提醒用户，是使用浏览器打开该链接，还是直接使用微博APP。同样，对于微信二维码，也无法直接跳转到淘宝网页。

营销小贴士

进驻淘宝网的商家，可以制作出淘宝二维码。用户在购买商品时，可以通过扫描二维码直接购买。通过二维码直接登录手机，方便手机与电脑之间的切换。

腾讯QQ：工作生活的老牌搭档

在中国，新手机在安装软件时必备的软件是QQ聊天，可见QQ在日常生活中的重要性。也正因为它已成为日常生活联络工具，所以，腾讯QQ在软件上不断开发新功能，有了二维码扫描功能后，QQ软件使用起来就更方便了。

腾讯QQ，是腾讯公司开发的一款基于Internet的即时通信软件。该软件支持在线聊天、视频通话、在线传输文件、共享文件、网络硬盘、自定义面板、QQ邮箱等多种功能。并支持电脑与手机同时QQ在线，两者同时在线时，支持电脑与手机互传功能。QQ是目前中国内地用户数量最多的网络应用程序。

使用手机的用户都会有自动挂QQ的习惯，所以，扫描二维码功能使用起来也更方便。用户启动手机版腾讯QQ后，将主界面切换至“联系人”的界面。（图2–10）

在“联系人”界面中，点击右上角“添加”，界面切换到添加好友的界面，在这个界面可以看到“扫一扫”功能。（图2-11）

点击“扫一扫”，在扫描区对准二维码，便可以扫描出二维码的信息。（图2-12）

腾讯QQ扫描功能，增加了开灯功能，在光线不够的时候，也能够扫描并自动生成了二维码。只要通过扫描该用户的二维码，就可以进行添加。同时，在二维码的制作上，腾讯QQ为用户带来了多种选择。可以随心制件彩色、好玩的二维码。缺点与其他软件一样，虽然QQ与微信同为一家公司的两款产品，但两者并不

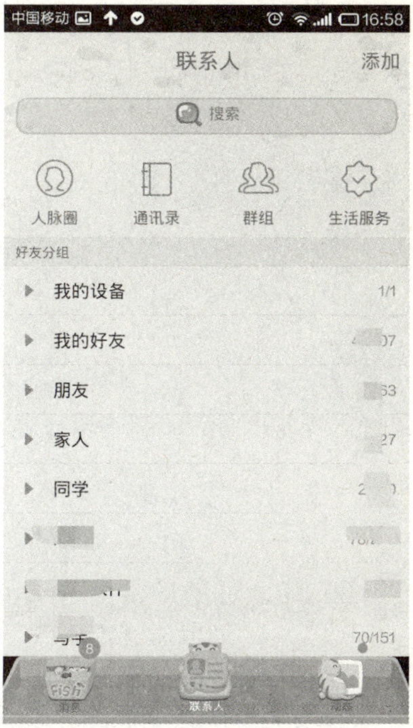

图2-10　腾讯QQ“联系人”界面

图2-11　腾讯QQ“添加”功能界面

图2-12　腾讯QQ“扫一扫”界面

兼容，使用腾讯QQ扫到微信二维码时，依然会提醒用户下载。另外其存在缺点是：腾讯QQ无法扫描条码及其他码，这是在功能上比较大的缺陷。

营销小贴士

当住酒店或者在别的地方登录QQ、需要使用非私人电脑来登录QQ时，为消除安全隐患，减少盗号风险，可用手机管家扫描二维码登录QQ的功能，这样，手机用户就可以放心地登录QQ了，大大保障了帐号安全性。

我查查：价格对比的好参谋

二维码的出现方便了人们的生活，也为企业做足了营销宣传。而在各种扫码软件中，“我查查”是最贴近生活一款APP软件。只要手机中备上一个“我查查”软件，就可以到哪里扫哪里，用最实惠的价格买到最好的商品。

我查查是一款强大的商品条形码比价软件。在扫描条码上支持EAN码、二维QR码、二维WEPC码和快递单号（code 128码）。只要将条码照一照，哪家网店有卖、价格、地址、商家电话、营业时间、网址等信息立即显示到用户的手机中。

用户点击桌面“我查查”图标，进入“我查查”主界面，在主界面中可以看到下面“扫描”按钮。（图2–13）

点击“扫描”按钮，可以进入扫描界面，将所要扫的二维码对准扫描区，便可以扫出用户所想要查询的信息。（图2–14）

“我查查”功能十分强大，除了可以扫各种条码，还可以查看商品相关信息、查看超市促销、厂家直销商品……同时，还可以通过扫描防伪码来辨别商品真假。扫码时，无论链接地址、微博都可以自动跳转，无须进行识别选择，既快速又全面。其缺点是：同许多软件一样，扫到下载码时，无论手机中是否装有该软件，都会提醒下载。

图2-13　我查查主界面

图2-14　我查查“扫描”界面

营销小贴士

“我查查”软件在技术上采用了独有的模糊识别算法，可以扫描的资源更丰富多样。同时，“我查查”是一款消费查询软件，企业可以与其合作，在该手机软件上贴出海报，激发消费者的购买欲。

快拍二维码：低调的二维码制作能手

快拍二维码在众多扫描软件中表现比较低调，这种沉默或许更能显示出快拍的“高大上”。快拍不仅适合年轻人使用，同时商界、企业使用也很广泛，快拍能够为企业带来许多便利。

快拍二维码是一款手机二维码和一维码扫码解码软件。通过调用手机镜头的拍照功能，用软件通过扫描识别出一维码和二维码内的信息。

启动快拍后，系统自动进入扫描界面。（图2-15）将想要扫描的二维码放入扫描区，即可以扫描出用户所需要读取的信息。

图2-15　快拍二维码扫描界面

快拍二维码将快速表现到极致，只要扫码，APP立即进入扫描状态。快拍二维码还研发了自制二维码功能。无论个人或者企业，想要制作文字信息、短信、E-mail、电话、日程活动、应用程序、书签地址、名片等二维码，都可以DIY轻松制作完成。与其他软件不同的是，快拍二维码可以保存所扫过码后的信息，并通过日期来查询所扫过的码的链接和信息。

营销小贴士

快拍二维码拥有全面的二维码制作程序，企业可以使用该软件制作二维码，并将其投放到市场中去。同时，也可以将自己的日程安排制作成二维码，随时带在身边查看行程安排。

第三章

创意是最长久的生命：二维码设计的八大秘诀

二维码的影响力如此之大，但未必每家企业都能够设计出吸引消费者的二维码。那么，在众多的二维码中，只是以黑白格子图案出现，消费者真的会去扫吗？不一定。消费者更喜欢新鲜、有趣、个性独特的二维码。只有这样的二维码，才会愿意去扫。这需要企业懂得用户心理，加强对二维码的外观及功能设计。二维码的设计也存在多样化，本章将通过学习二维码的设计，提升你对消费者心理的认识，打开一条新颖独特营销之道。

色彩吸引法：用色彩组合吸引眼球

二维码铺天盖地地涌来，大多数以黑白小方格的构造出现在人们面前。好像无论海报、网页、商品包装做得多么丰富，人们看到的二维码却永远那么朴素，无法引起人们的兴趣。在二维码的创意上，企业不要忽略了，二维码还可以制作出彩色的。只有不一样的二维码，才能让消费者眼前一亮，引起消费者观看海报或者网页的欲望，才会想去扫码。

2009年，蒙牛携手丹麦著名菌种公司科汉森，引入活性超强的副干酪乳杆菌——活力C菌。推出“肠活动，常年轻”的新一代活性乳酸菌饮料。2011年起，优益C由小S代言，掀起一场“全民喝优益C酸奶，肠活动常年轻”的供销活动热潮。2013年6月1日至7月31日期间，优益C推出了“再来1瓶”的活动。活动称：“每天一瓶300亿活动C菌，让你和你的肠道活力十足不怕老！”消费者可以通过扫码来查看活动视频。为了与活动的主题和企业的风格色彩相呼应，企业在制作二维码时便结合企业文化色彩来制作。这个活动的二维码用绿色来做底色，并在二维码的外围加上了一个瓶子，加弯弯的肠道造型，让消费者对企业活动的主题与目的一目了然。（图3–1）

图3–1　蒙牛“肠活动，常年轻”官方网站页面截图

对于这样一个具有独特色彩和风格的二维码，消费者都想查看是否是一个能扫描的二维码。消费者将手机扫描区对准二维码后，信息立即被读出

来，与其他二维码读取速度并无差异。（图3–2）

图3–2　蒙牛“肠活动，常年轻”扫码后界面

这个活动中的二维码，使用色彩达到了吸引消费者的效果。另外在造型设计上，虽然二维码本身并没有多大改动，但因为加上了瓶子和弯弯肠道等图案，更加大了人们对优益C二维码的识别率。

营销小贴士

色彩是最吸引人的眼球的东西。在制作彩色二维码时，最好可以了解色彩的搭配原理。或者请专业的色彩搭配师，通过对企业文化的了解，搭配设计出符合企业文化和最让人舒服的彩色二维码。不过切记不可以喧宾夺主，制作出花哨、不符合色彩搭配的二维码。

中心替换法：信息传递更明确

在二维码的设计上，许多企业只是将二维码制作出来，在二维码的图形中并没有起到引导性的作用。中心替换法，是指通常许多企业将自己的LOGO放在二维码中间，增加辨识度。而一些活动加入其他元素则更有说服力，更能激起消费者扫码的欲望。

1886年，可口可乐在美国乔治亚州亚特兰大市诞生。通过与社会的高度融合，可口可乐一步步发展，造就了今天每秒钟销售19 400瓶饮料的奇迹。因为有如此傲人的成绩，可口可乐在宣传方面，依旧是许多企业效仿的对象。可口可乐一直紧追潮流，不断适应本土文化，在包装上曾使用当下网络热词，如："白富美"、"高富帅"、"屌丝"等。而在二维码设计上不断创新，使用了中心替换法。在设计时可口可乐把中间的红白格子换成一个音乐播放的按钮，并使用耳麦的造型把二维码半包围起来，仿佛一个正在听音乐的二维码。当消费者看到可口可乐外包装上的歌词时，便会扫这个二维码，因为这个二维码明确告诉消费者：扫码可以听这首歌。（图3–3）

消费者扫码后，可以加入企业微信。在微信端可以听瓶子上提示的歌。在听歌的同时，还能看到企业根据歌词创作的Flash动画。虽然只是短短数秒，却能够带给消费者新奇的体验，会让消费者忍不住再买一瓶，扫另外歌词的二维码。

图3–3　可口可乐外包装上的二维码

像这样具有明确信息传递的二维码并不多见，许多企业只是告诉消费者有什么样的活动，扫码有什么样的优惠，却忘记了二维码本身也可以传递重要信息。

营销小贴士

点开当下最火的网站，可以看到当下那些最热门的帖子，无非是具有话题性的、还是新闻性的或者是流行性的。企业在设计二维码的活动时，可以随时使用这些热门的语言或素材，制作出独特具有创意的二维码。

环境嫁接法：接入受众熟悉的元素

二维码出现在大街小巷，最终目的就是等着消费者去扫它。既然想要消费者扫企业的码，那就需要制作吸引消费者眼球的二维码，让他们对二维码产生兴趣。因此，在二维码的设计上，还可以结合消费者最熟悉的事物，让他们看到时会产生一种亲切感。

蒙牛是中国内地生产牛奶、酸奶和乳制品的领先企业之一，其液态牛奶和冰激凌的产量稳居全中国第一。

蒙牛作为生产牛奶的大型企业，为了让消费者喝到放心奶，在二维码的功能上使用了溯源功能。通过扫码，让消费者了解牛奶的产地、日期、奶牛的信息等。为了吸引消费者扫描，蒙牛在制作上使用了环境嫁接法。将二维码与外界元素巧妙地结合在一起，生成一个富有企业个性的二维码。（图3–4）

在这个二维码上，蒙牛将二维码设置成了蓝绿色。绿色是内蒙古草原的颜色，而蓝色为蓝天的颜色。蒙牛还将一头牛的图样放进了二维码中，展现出“天苍苍，野茫茫，内吹草低见牛羊”的意境，消费者在超市或者商场购物时，一眼就能够认出这是蒙牛的二维码。

这个二维码大批量地印在蒙牛的外包装上，这样的设计不仅不显得突兀，反而是外包装上的一道清新自然的风景。消费者看到这样的二维码时，就已经感受到了企业的真诚与产品的质量。

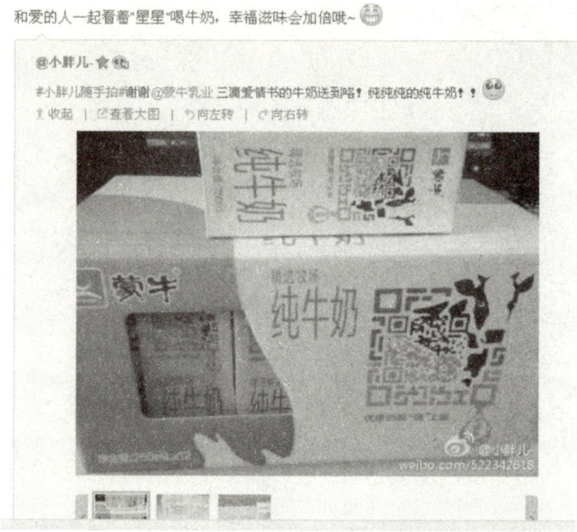

图3-4　蒙牛官方微博二维码截图界面

营销小贴士

在制作环境嫁接法的二维码时，还可以使用上下渐变的融合的方法，配合企业的LOGO、活动的主题，都是非常好的设计风格。

整体造型法：塑造整体美感

人们日常生活中所看到的二维码并无特色，更不要讲造型。而一个独特的造型则可以使二维码“动”起来，不仅好看，还能让消费者觉得好玩。

在二维码的设计中，蒙牛几乎将各种方法全都用上。比如在春节的活动中，蒙牛将二维码设计成一个按钮的造型，是为了体现春节的气氛，在二维码两旁加了红色的灯笼，营造了一片喜气洋洋的气氛。（图3–5）

图3–5　蒙牛官方微博春节活动二维码页面

这样的二维码设计在活动推出时，就能显得非常吸引人了。如果这时企业还没有二维码，自然可以制作出新颖、有个性的二维码。可有些企业已经有了二维码，并且是传统的黑白色，如何能玩转造型呢？总不能不顾及企业微信粉丝，重新再注册一个独特造型的二维码微信吧？

二维码的颜色和风格创意无限，即使企业的二维码是黑白色，在造型上二维码依然可以出彩。

呷哺呷哺早已有了自己的官方微信二维码，并获得许多食客的关注。这时，无论二维码能够制出多么吸引人的风格，呷哺呷哺都无法把企业的官方微信换掉。不过，在二维码吸引眼球的创意上，呷哺呷哺做到了。

在呷哺呷哺的海报上，可以看到这样的二维码。（图3–6）

这个二维码，第一眼看上去以为是一个具有独特造型的二维码。细看才发现并不是。而是由类似二维码彩色组合形式的杯子造型，将二维码包围起来，起到了吸引眼球的效果。这个造型很好地切合了活动主题——“新老粉

图3-6　呷哺呷哺店内活动二维码

丝扫一扫，中杯饮料免费享！”

利用二维码出新招，自然需要把吸引力都转移到二维码上去，并通过消费者扫码为企业带来收益与利润。而在二维码的制作上，可谓变化无穷，无论从颜色、风格，还是创意上，都需要企业在制作时不断摸索和创新。

营销小贴士

在整体造型法中，你可以自由地发散思维，设计符合企业风格和企业活动的二维码。比如：一幢房子的造型、一只风筝的造型、一只小动物的造型，等等。不过需注意的是，企业设计好二维码后，一定要多用几款软件尝试能否扫描出来。

主题再造法：用场景讲故事

很多企业发现，想要让消费者扫码并非易事。就算二维码贴满了大街小巷，仍然没有预期扫描效果。这主要原因在于他们的二维码没有引起消费者的兴趣，而一些企业则通过二维码本身图案，就得到人们的关注。

以温州中升雷克萨斯官方微信二维码为例，消费者如果看到这样一个二维码会做何感想呢？这个二维码看上去并不像一个二维码，但又有着二维码的元素，消费者的第一反应是：它能否被扫描？（图3–7）

在这个游戏场景二维码中，企业并没有介绍活动内容，更没有将企业产品写出来多加提示，仅凭一个场景故事，便引起人们的扫码兴趣：这样的二维码扫码后会是什么样的信息呢？

这个问题只能在消费者的手机里找到答案。当消费者拿起手机对着这个“愤怒的小鸟”扫码时，企业二维码在设计上就获得了成功。

游戏粉丝们通过这个游戏场景的二维码扫描，也找到了二维码幕后的企业——温州中升雷克萨斯。（图3–8）

图3–7　温州中升雷克萨斯官方微信二维码

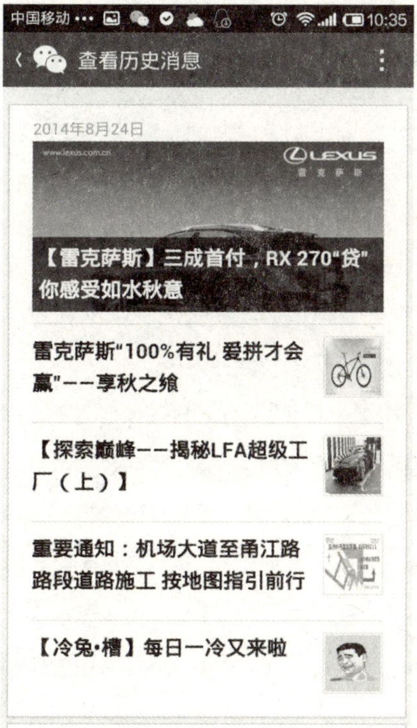

图 3–8　温州中升雷克萨斯官方微信主界面

消费者扫码后，通过查看企业简介来决定是否关注该企业微信订阅号。无论消费者关注与否，这个二维码都成功吸引了消费者的眼球，为企业赚足了人气。

营销小贴士

主题再造法，是将二维码看作一个场景，通过这个场景风格、元素和故事，来吸引消费者扫描。企业在制作这样的二维码时可以灵活运用。比如制作成生活场景、电影场景、动画场景等来吸引消费者。值得注意的是，主题再造法制作时，可以从两个方面考虑，一个是长久性，制作经典场景，达到永久使用都不过时的效果；另一个是时效性，这种方法则是通过当下最热、最火的话题和主题来制作，达到吸引眼球的效果。

单位元件再造法：不走寻常路

当今社会放眼望去，各大地铁、公交车站、商场网站都可以看到各种各样的二维码，甚至个人的名片、衣服上都印上了二维码。由此可见，二维码在营销中的广泛应用。对于一些企业来讲，将二维码与自己的产品结合，也能起到不一样的效果。

在北京朝阳区时代名门百货地下1层，有一家叫“哈你烘焙坊”的蛋糕店。在该店的海报上可以看到一个二维码蛋糕图案。（图3–9）

这个海报上写着“首款二维码蛋糕创造者”的字样。哈你烘焙坊将二维码与蛋糕结合，组成了非常有创意的二维码，使二维码的使用的单位元件不再是纸、海报、网络。

二维码蛋糕本身是创意，通过二维码蛋糕可以使蛋糕多了一些“功能”。比如，把二维码蛋糕制作完成后，可以将它送给女朋友。当女朋友对

图3-9　哈你烘焙坊海报

着二维码蛋糕扫码时，屏幕里出现“生日快乐”字样，一定会让女朋友非常开心。通过这样的情感体验来带动蛋糕的销量。

在二维码创意设计上，加拿大农民Kraay，在自家玉米地里种出了2.8万平方米的玉米二维码。扫描这个二维码可以跳转到农场官网。这个巨大的玉米地二维码被收录进吉尼斯世界纪录，成为全球最大的、可以扫描的二维码。同时，这个二维码还是一个迷宫，只要人们愿意再花点钱，就可以在这个二维码里游玩一番。（图3-10）

图3-10　玉米二维码

二维码的组成不一定非得是黑白方格，或者印在海报、纸上，或者放到网站上等人来扫。许多企业的创意二维码便是将产品与二维码结合，起到轰动的效果，通过媒体的报道与关注来达到宣传的目的。

营销小贴士

全球现有的单位元件二维码已有250种以上，造型以箱子、巧克力、咖啡豆等较为常见。在《思维——批判性和创造性思维的跨学科研究》中作者指出：“我们可以运用我们的技能，并通过推动、拉伸、弯曲、打破、反转以及旋转等方式推陈出新。”为此我们总结出一句话来概括创意：世界上本没有原创事物，而所谓创意，不过是两种或者几种事物通过不同序列组合在一起，形成新的事物。

出其不意法：我的地盘我做主

企业制作二维码时，首先会将内容添加到二维码当中，然后再对此内容通过海报、网站、易拉宝等进行宣传。用这种方式可以吸引消费者前来扫码。而在我们的日常生活中，二维码出现之频繁是我们无法想象到的，比如楼房、鞋子、发型设计上二维码等，在这些日常生活的细微之处给我们带来惊喜。

消费者扫描二维码时，大部分是对里面的内容感兴趣。如果企业向用户展示的信息比较丰富、实用、专业，那么用户就会长久地关注企业。无论企业将二维码的内容做得如何丰富，首先要让消费者扫码，而将二维码制作到独特的事物上，可以吸引到消费者的注意。

消费者看到下面这张卡片时，可能会觉得这张卡片除了印着二维码，并无其他特色。（图3–11）

图3-11　石家庄肾病医院U盘上的二维码

但细心的消费者打开按钮时，会发现卡里隐藏着一个U盘。（图3-12）

图3-12　石家庄肾病医院U盘

这种外形像卡片的U盘，比起普通U盘更有个性，从而增加了对此U盘的使用率，并以此来增加消费者扫码的概率。

企业在二维码设计独特的地方时，可以是个性的产品，也可以在产品上将二维码放大并创意化，这样也可以增加消费者扫码量。

营销小贴士

二维码对材质可以说并无要求。只要能够扫描识读，无论使用何种材质制作都是可以的。但企业一定要记住的是：做出创意，让消费者眼前一亮。企业在做赠品的时候，可以多从日常生活用品着手；在做宣传推广时，多从吸引眼球着手；在做推广活动时，也可以通过二维码的吸引力来带动活动推广。

主题突出法：让主角更加突出

企业使用二维码的目的，希望能够通过二维码达到推广或营销的效果。在二维码的制作上还可以借助某些事物，让二维码更突出，从而达到造势、吸引眼球的效果。

苏宁易购是苏宁集团旗下新一代B2C网上购物平台，在中国市场名列前三强。苏宁易购为了在宣传上达到良好的效果，吸引消费者扫码，将二维码的制作放到了纸箱子上，突出二维码的主题。（图3-13）

图3-13　腾讯视频苏宁易购二维码活动推广视频截图

一个人头顶纸箱走进地铁，这种怪异的情景足以引起乘客的注意。当乘客看到这个奇怪的人时，仔细看才发现，原来纸箱上贴着一个二维码。推广人员并未对这个二维码做任何解释，完全通过特殊材质与人的结合来让二维码更新奇。

乘客扫码后，才知道是苏宁易购推出的一个“青春风暴”二维码推广活动。不仅纸箱人的二维码推广，还有青年人身着二维码服装在各大广场跳舞的活动，他们手拿乐器，通过音乐来吸引路人驻足。

这场活动在二维码的宣传上可谓空前绝后，可见苏宁易购对二维码宣传的重视。苏宁易购主要通过这样一个纸箱子，取得了巨大的成功，也为二维码在设计上增添了一个成功的案例。

营销小贴士

如果企业想要以二维码为主题做推广，就要想方设法突出二维码。有些企业明明想推广二维码，却总是将推广方案放到活动上，活动虽然可以吸引消费者，但无法为消费者带来新奇的体验感。

第四章

把产品告诉所有人：二维码营销七大推广技巧

企业想通过二维码赢得市场，就要将二维码推广出去。如果没有推广，消费者就不知道企业二维码的存在。即使企业将二维码摆到消费者眼前，如果没有好的推广营销方式，也很难让消费者扫描二维码。可是，怎样才能吸引目标顾客来扫描呢？本章将介绍二维码营销七大推广技巧，通过典型的二维码推广、营销案例来说明成功的二维码营销是怎样进行的。

营造购物新体验：地铁里乐购的虚拟商店

二维码的推广方式非常灵活。对于企业来讲，二维码能够打开销售网络的新局势。随着二维码的流行，很多企业都为商品贴上了二维码，当人们走到地铁站、公交车站时，就能看到商品上的二维码，通过对商品二维码的推广，企业便可赚得盆满钵满。

在韩国乐购为消费者营造了一种新的购物体验。走进地铁站可以看到工作人员将一张张贴满商品的海报贴到各大地铁站内。从远处看去，还以为走进一家超市。这些海报与普通海报不同的是，海报上布满商品，每个商品上都贴上了二维码，消费者只要扫商品上的二维码，就可以直接下单购买。（图4-1）

图4-1　地铁里乐购虚拟商店

这些商品从酒水饮料到蔬菜、肉类、生活用品应有尽有。消费者可以在下班回家时，扫码二维码将自己所需的商品通过二维码在线上订购，第二天便可以坐在办公室或家中静待货物送上门。

这样的购物方式大大节省了用户挑选产品的时间，为消费者提供了便利，节省了时间，从而也提高了消费者的满意度。

企业在做虚拟商店的推广时，可以将线下的资源进行整合，为消费者分好类别。在营销推广上，除了地铁以外，还可以将二维码商品海报贴到公交车上、商业区、社区等众多消费者能够看到的地方，并建立24小时扫码服务。

淘宝店家二维码，省时实用，一秒钟进入店内

使用二维码做营销推广，其目的便是打破传统营销模式，让顾客更方便购物。在现今网络时代，网上购物已成为主流。随着无线网络的普及，越来越多的企业将通过无线网格和手机移动客户端来创造神话。

在天猫商城木佳食品专营店，顾客在购物后，店家会精心地为客户在外包装上贴上二维码。客户打开包装后，验证商品，如果觉得商品不错，可以通过扫描外包装上的二维码，直接进入店家选购；如果不需要继续购买也可以通过扫描二维码直接进入淘宝店，选择其他需要的商品。（图4-2）

天猫店家在外包装上贴出的二维码，让消费者觉得更加实用。让消费者通过扫码与店家建立联系，对于消费者来说，省去了再打开电脑、登录天猫网站、找到“我的订单”等一系列麻烦。这对于企业来说是一种新型的销售模式，让用户扫码购物成为未来一种购物趋势。

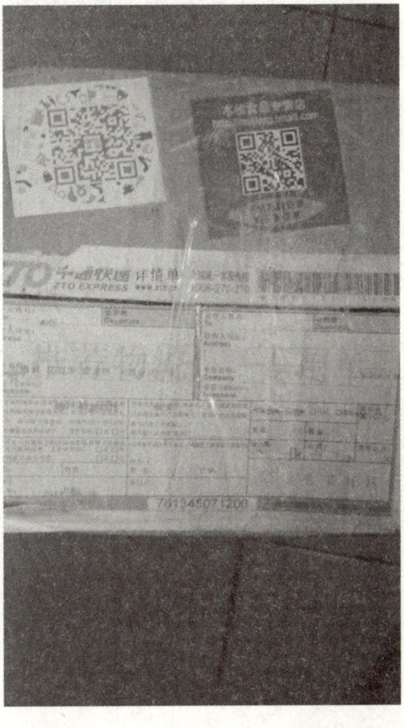

图4-2　天猫木佳食品专营店外包装上的二维码

线上扫码预订，线下领取

如今，许多企业的电子票务都改为了二维码。比如从网上订票后，企业发送到消费者手机上一个二维码，走到电影院检票口后，通过扫码手机上

的二维码便可以走进电影院。在购物时，许多企业也借用了类似的方法。比如：发送二维码电子门票、二维码餐券以及二维码购物券等。

作为快餐业的龙头，肯德基经常人满为患。这对于企业来讲是一件值得高兴的事，但对于消费者而言，却苦不堪言。消费者到肯德基用餐经常会找不到座位，点餐时要排队也浪费了许多时间。肯德基推出网络订餐，满足更多消费者的需求。随着手机智能化的发展，肯德基又推出了手机APP订餐，为习惯手机消费的顾客提供另一种付费方式。（图4–3）

图4-3　肯德基官网APP二维码

图4-4　肯德基APP菜单界面

消费者扫码下载手机APP后，可以通过订餐菜单栏查看自己所需要的菜品。（图4–4）

订餐时，还可以看到肯德基近期的优惠活动，让顾客更精明、省钱地消费。

订餐成功后，顾客可以直接在店内食用，省去排队、结账的麻烦；如果不想去店内，也可以将餐品送到消费者所在地。

扫码对于顾客来说是一件省时又省力的事。企业在推广时，可以将二维码的使用与扫码后的体验，通过营业员的指引或者通过赠送小礼品来让顾客体验到。当二维码越来越便捷，企业使用二维码推广越来越多时，慢慢地消费者也会习惯“扫一扫”添加二维码的方式。

营销小贴士

对企业而言，如果开通扫码线下消费或者线下送货等业务，就务必将服务做到位。比如：提供便捷的服务、关注扫码后的体验等。如果不注意这些细节，效果就会适得其反，对企业造成负面影响。

记录喜欢的商品：红酒二维码，一扫全显现

二维码的本质是通过扫描将消费者引到相关链接信息，比如：网站、微博、微博、APP等。在推广上，可以通过报纸、杂志、宣传单……但许多消费者看一眼便将这些信息扔进了垃圾桶，有用的则会留着以备不时之需。企业在推广二维码时，还可以让二维码做成产品相关信息记录卡。消费者通过商品的铭牌，可以了解企业信息，通过二维码顺带也将企业信息记录到手机中。

很多进口红酒经销商试图把自己的品牌做起来，但在实际的推广中却非常费劲。一瓶红酒全是洋文，消费者根本不认识，无法了解该红酒的品牌、产地等相关信息，也无法确定其真伪。

杭州出入境检验检疫协会通过一个二维码就解决了这个棘手的问题。该检验检疫协会对杭州从国外进口的红酒检验确保真品后，会为每瓶红酒贴上一个二维码。（图4-5）这个二维码可以将企业的品牌、国家、年份、产地等信息通过扫描显示到消费者的手机中。为保险起见，预防假冒伪劣商家盗取二维码，检验检疫协会将二维码制作在酒瓶时做了特殊处理。处理方式是二维码的四角易碎处理，二维码不能完整地从瓶子上撕下来；为了预防该二维码被不良商家利用，该组织协会还对二维码进行了处理，只有检验检疫协

图4–5　浙江网站二维码红酒

会贴出的二维码才能在检验平台上进行信息查询。

红酒瓶上有了这个二维码后，无论消费者在何时何地，在喝到满意的红酒后，都可以通过扫码将信息记录到手机中，通过这些信息的引导来选购商品。

二维码尿布，记录孩子的身体健康

二维码在推广上还可以将贴心服务做到消费者心里，让消费者通过扫描找到想要答案。企业可以从消费者的健康、生活等日常知识入手，通过扫描二维码让消费者对自身和周围的生活有更多的了解。

美国Pixie Scientific公司将贴心服务做得无可挑剔，它们发明了二维码智能尿布。这个二维码设置在尿布的背面，其周围是尿液测试条，用于提取尿布吸收区域的尿液样本。当宝宝尿尿的时候，测试条将会被触发，使二维码周围的颜色发生变化。此时，父母可以拿出手机用企业的APP扫码尿布上的二维码，通过系统分析跟踪宝宝的身体健康。（图4–6）

当宝宝身体状况不佳，如尿道感染、发热、情绪暴躁时，都可以通过二维码扫描出来。这些健康数据，减轻了父母许多不必要困惑，让父母对孩子更放心。

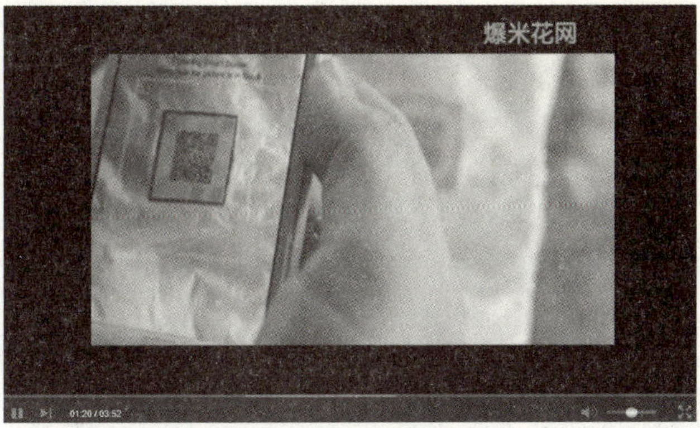

图4–6　Pixie Scientific公司研发的二维码智能尿布

二维码的作用绝非那么简单，而且尿布上加印二维码的成本几乎可以忽略不计的。消费者是愿意买普通的尿布呢？还是愿意买智能尿布呢？答案不言而喻。同样在二维码的营销推广上，企业还可以制作出减肥二维码，通过对体重、脂肪、进食的卡路里检测，来让消费者达到检测减肥的效果的目的。

二维码招聘会，扫码投简历，带走企业信息

许多企业都希望通过二维码帮助消费者答疑解惑、解决麻烦，但企业做答疑解惑时，二维码基本用在了活动咨询上。这样确实可以为企业省去营业员的讲解。不过，在一些特殊情况下，二维码的用途的特性更加明显。

2014年宁夏体育馆举办了一场冬季人才招聘会。在该招聘会上卓远科技公司为宁夏移动12580求职通搭建了二维码平台。里面收录了各家企业的信息、招聘岗位、岗位信息等。前来应聘的消费者人山人海。之前，每位应聘者都会问现在招聘人员一些信息，这时，招聘人员就不得不对每位前来应聘者一一作答。现在有了二维码后，企业旁边贴上一个二维码，应聘者只要扫描上面的二维码，就可以查看企业信息，然后有针对性地问招聘人员问题。一个小小的二维码，为双方节省了时间。同时，应聘者还可以将各家企业信息扫描后，保存到手机中，回家后慢慢将企业职位进行对比分析，找到更适合自己的工作进行应聘。在找到满意职位后，还可以在该平台上投递简历，使得找工作更方便、快捷。

二维码不能只用来做营销推广，还要让它为用户、企业带来更多人性化的服务。只有通过不断摸索、创新，才能开发二维码更多功能。人性化的功能，必然会带来战略上的成功，这也是在二维营销发展的必然趋势。

营销小贴士

二维码本身是一个引导用户扫描的工具，通过扫描获得信息。消费者在做记录时，如果企业在二维码中嵌入信息不够完整，消费在扫描之后无法得到相应信息，便会认为企业不够专业，降低了企业在消费者心目中的信任，为企业带来损失。

满足客户的需要：扫二维码，免费下载音乐

在营销上，二维码的价值越来越凸显。它的成本极低、可以跟踪消费者的喜好，通过它还可以建立消费者与产品之间的关系。但是，对于消费者而言，二维码不过是海报、网站、易拉宝上的一个方形图而已，与他们之间并无多大关系。而且二维码如此多，消费者一一扫描的话，会占用太多时间，这样浪费时间又消耗体力的事，一般消费者是不乐意做的。

美国百胜集团下的激浪饮料（Mountain Dew）和塔可钟餐饮店（Taco Bell）联合搞了一个促销活动。顾客只要在Taco Bell店内用餐时，扫描Mountain Dew饮料杯上的二维码，就可以免费下载音乐。原来这两家公司了解到，他们的主要客户群为年轻人，而年轻人对流行文化十分感兴趣。通过一种简单的下载音乐的方式，该活动为公司获得了超过20万次的下载量。显然，能够满足消费者的需求，就可以带动消费者扫码。

虽然许多企业都在努力地讨好消费者，但并非每家都能不成功。根据台湾一次民意调查显示，1000人中有500人使用二维码是想获得更多优惠和折扣；另外400人则希望通过扫描二维码想获得产品信息；还有一部分消费者

则喜欢通过扫描二维码来参与抽奖等互动；另外一部分消费者则希望通过扫描二维码来获得产品的说明、资讯、物流信息等。所以，企业在推广扫码过程中，可以根据消费者的人群和需求来制定扫码目的。

满足消费者心理需求，为消费者省钱

利用优惠活动来让消费者扫码是常用的一种推广方式。这种方式非常奏效，例如淘宝在2013年11月11日打折优惠活动中就取得将近350亿元的销售额。消费者逛街、逛超市、上网时遇到优惠活动，只要有实实在在的优惠，消费者都很愿意参与到活动中的。

在滴滴打车、快的打车等打车服务中，消费者打车时可以享受到非常优惠的补贴，同时，使用APP打车可以很方便地找到附近的出租车，但自从他们补贴取消后，使用APP打车的用户热情明显下降。但之前快的打车已经积累了许多客户资源，只要优惠活动重新启动，那些用户会因活动的诱惑，愿意使用二维码打车。

快的打车更是与淘宝网合作，只要是淘宝会员，用淘宝账号登录快的打车，扫码便可以享受5~30元的打车补贴，重新启动了之前快的打车的优惠活动。（图4–7）消费者的需求再一次被点燃，淘宝网成功地赢得了曾经使用快的打车的用户。

在与其他企业联合做优惠活动时，企业也应该注意到消费的人群是否一致。比如：喜欢淘宝购物的多为年轻人和白领；使用快的打车的也多半是当

图4–7 淘宝网“北京打车淘宝补贴”活动页面

下追逐时尚、使用移动设备较多的年轻人。在北京这种星罗棋布的交通网络，当5元、10元的打车费推送到消费者手机中时，消费者还是很愿意买账的。

事实证明，优惠活动与二维码结合到一起，只要能够满足消费者内心需求，消费者是愿意扫码的。而这个扫码活动与其他优惠活动不一样的是，用户打车时优惠现金可以直接抵钱使用。比如，消费者打车费用为15元时，有10元可以抵用，结账时消费者可以体验到省钱的快感。而许多企业的优惠活动，则让消费者没有这种快感，比如满减优惠、折扣优惠，这种优惠活动给消费者感觉是：我只需花这么少的钱就可以买到这个商品，消费者没有那种从商家兜里掏钱又放回商家兜里的感觉，而快的打车却实实在在为消费者提供了这样的体验。

满足消费者对产品认识需求，为消费者答疑解惑

一提到车展，爱车人士就会两眼放光，滔滔不绝。在车展现场不仅汽车是亮点，每年能够上新闻头条的还有车模。但是看车展则需要提前在各大网站了解每个展区的品牌规划、展区的样式等一系列信息。展方在推广活动让消费者搜索时，可以通过二维码将所有信息一次性打包设置在同一网页，为消费者答疑解惑。

在2012年北京车展期间，新浪汽车为了能够更好地让爱车人士提前了解展区，开通了扫码了解展区情况和扫码看车模的二维码。（图4–8）

图4–8　新浪汽车官方网站“扫描二维码，展馆直达”二维码

图4-9　新浪汽车官方网站“扫描，看车模”二维码

消费者通过扫描二维码可以快速、准确地获取有关车展的信息，当消费者来到车展现场时，可以根据扫码了解的信息，准确找到自己所需要观看的品牌汽车，满足消费者的信息查询、疑惑解答等需求。

营销小贴士

在做营销推广时，可以通过消费者喜欢得到实惠、受人尊重、受人欢迎等心理来做推广。（比如：抽奖，凭才艺拿奖品、赠品等）

提供实时信息：苏宁电器，全部优惠一扫即得

二维码的推广方式有多种，而电商业最喜欢的是通过不同产品的优惠打折来吸引不同需求的消费者。比如京东商城、当当网、唯品会等。这些企业都是通过不时优惠资讯来推广商品，通过扫描二维码，将企业信息投递到目标用户手机里。

在石家庄苏宁电器店内，能够看到大大小小的海报。而每个海报都贴满了优惠消息，消费者在逛苏宁电器时并不能够将每个活动的海报全部看到，很可能就错过了商企业的优惠信息。不过，在所有的海报中，可以看到一个共同点，那就是每张海报都有二维码的存在。如果消费者想要看到全部的信息，可以通过扫描店内的二维码，把所有优惠信息全部打包到手机中。（图4–10）

比如：在扫海报上的二维码后，就可以将苏宁易购的APP装到手机中，无论何时，都能够享受苏宁电器、苏宁易购同款、同期的活动信息。（图4–11）

随着智能手机的发展，手机不仅能够上网，还能够将企业的软件装到手机中。所以，扫描二维码下载APP成为企业的推广方式，让消费者不错过任何一款产品的活动信息。这样的推广方式，可以将企业与用户的手机相互绑定，让用户在闲暇时间关注企业咨询，同时，添加的充值缴费、买彩票等常用功能，也能够带动用户经常使用企业APP。

借助微信平台，将信息发送到消费者手机上

在二维码的推广上，可以借助微信平台。许多企业都开通了微信公众号来营销，并且取得了很大成功。比如一号店、聚美优品、达芙妮、唯品会等。而这些企业通过对微信帐号的经营赢得了许多客户，将二维码传播到了各大网站、论坛。

图4-10　石家庄苏宁电器店内活动海报

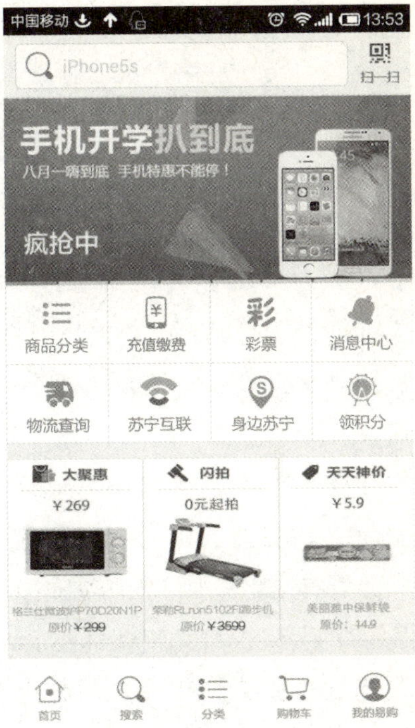

图4-11　苏宁易购APP主界面

魅力惠是一个会员邀请制的在线购买社区。每天都会在社区推出一个或者多个以某个品牌为主题的限时抢购活动。活动中销售的商品价格仅为其市场价格的3~7折。这个网站是许多热爱大品牌的消费者不二的选择。但由于魅力惠其经营的独特性，每天只有一个品牌限时抢，使消费者不得不每天关注企业信息。

魅力惠也适时推出企业APP和官方微信，让消费者可以通过扫描二维码下载APP和微信的方式，时时关注企业抢购信息。（图4-12）

图4-12　魅力惠官方网站微信二维码

通过扫描二维码，可以将企业信息活动通过微信的方式全部装到手机里，随时随地进行查看。在微信的活动推广中，许多消费者会愿意扫描微信二维码，其原因在于，消费者扫描后，可以直接进入微信查看企业信息，无须占用手机内存就可以将APP装到手机中。而且企业还能够定时为用户推送有价值的消息。在这里需注意的是，如果企业为用户推送的消息长期不能引起用户兴趣，就会引起用户的反感，让企业失去客户。

将企业APP、微信二维码推广出去

通过实时优惠活动来吸引消费者扫描的二维码，在推广时可以将放大之后的二维码印刷到展架、易拉宝、地铁站广告牌内，通过实地投放来吸引消费者扫描二维码。（图4-13）

在这张海报中，通过贴在台阶处，来吸引消费者的注意，让前来商场购物的消费者低头看看就能发现这张活动海报。

图4-13　北京时尚百货活动二维码

企业在推广二维码时，还可以在企业微信的发送的资讯中贴出二维码。当用户觉得这个帖子非常好玩或这个优惠信息是用户的朋友需要时，就会在朋友圈中分享，这样可以很好地通过扫码让更多人加入对企业的关注。除此之外，还可以利用企业的微博、论坛、贴吧等载体，通过对二维码的投放来增加下载APP的数量和微信的关注度。企业在微博、论坛、贴吧等与网友的互动或者发送生活小常识、心情日记、企业动态时可以将二维码贴到所发送的信息中，这样也可以提高网友的扫码量。

营销小贴士

在做二维码推广优惠活动信息时，尽量给目标用户更多优惠，用户尝到甜头后，就会长久地关注企业。同时，还可以增加一些新用户的体验，挖掘新的潜在客户。另外，企业能够在后台观测到用户的资料和信息，可以根据这些资料对客户有目的地推送，实施有针对性的营销策略。

发起分享的比赛：Verizon，转发赢智能手机

登录微博、朋友圈、QQ空间、人人网等总能看到好友发来的转发链接，这些转发这么活跃是因为可以用来赢得企业的奖品。因为熟人的信誉度远远高于营销员对顾客的信誉，因此企业在推广上加入二维码后，转发的活动效果会更好。二维码想要取得推广上的成功，这种方式也是上上之举。

美国有一家规模很大的本地电话公司——Verizon。Verizon在每家店内都设置了一个二维码，只要顾客扫描了这个二维码，便可以在Facebook上分享顾客的比赛信息。这时，顾客可以把这个比赛信息分享给自己的好友，当好友看到这信息，并通过该链接购买了一台Verizon，原来的顾客就有机会赢得一台智能手机。这样的活动极大地吸引到访顾客，纷纷参与到扫描的活动中，他们都愿意把这样的信息分享给自己的朋友，让朋友也参与到活动中来。事实上，Verizon为这次活动只投入了1 000美元，却获得35 000美元的回报，直接推动销量增加了200%。另外，通过这次活动，Verizon增加了25 000名粉丝，提高用户对该品牌的认知度。

这种营销方式则是将广告推广的成本嫁接到了消费者身上。不过，对于企业而言，这种营销方式也并不是没有成本的。只是目标消费者为企业“打工”从中获利，企业需要将“工资”发给目标消费者。但企业在做这种推广时，需注意的是，这种推广要做得足够“软”，一旦消费者发现其实是赤裸裸的广告时，也会影响企业信誉。

通过介绍朋友来获取积分，带动消费者宣传

推广互动营销，永远是好方法，让消费者在互动游戏中达到企业目的。消费者高兴，企业也能赚多一点利润。最重要的是，互动营销可以吸引目标客户，把对企业有兴趣的客户吸引到互动游戏中来，把那些对企业无兴趣的消费者过滤掉。

在《生化危机》推广活动时，索尼影业公司曾经举办过这样一个活动：让消费者扫该电影文字宣传里的二维码，消费者通过扫码获得积分。获得积分最高的前100名参与者，可以参加电影的首映礼，免费观影。扫描二维码累计积分最高者还可以获得25 000元大奖。

这个活动非常有吸引力，只要积分最高，便可以冲刺大奖。为了能够让更多的消费者扫码，企业在制作二维码时，将二维码展示在不同媒体上，不同的媒体对应不同的积分。比如：报纸上的二维码积分为：30~50分；大剧院海报上的二维码积分为：20~60分；宣传T恤上的二维码积分为：10分；地铁口灯箱广告上的二维码积分为：20分；公交站牌上的二维码积分为：10~30分。另外，如果邀请自己的朋友参与到活动中，还可以得到相应积分。结果这个活动在网上引起热烈反响，网民纷纷都邀请朋友互相帮忙，参与到活动中。

《生化危机》的二维码推广，主要目的并非让消费者扫描已放到广告媒体上的二维码来获得积分。而是通过“团体作战”，来让自己得到更多积分。在实施互动推广时，要以方便消费者参与到互动推广为前提，而不能经过复杂的过程才能参与。同时，在互动过程中，还要注重用户的体验，如果用户体验不佳，则与互动推广的目的相违了。

让消费者主动索取，带动活动推广

在推广方法中，除了让目标消费者宣传推广，还有一种方法是让消费者主动索取。这种方法能够让目标消费者愿意参与到活动中。

2014年新年时，淘宝与新浪微博联手推出“#让红包飞#”的活动。网友可以给自己的粉丝发红包，同时，还可以点取别人发给自己的红包。当网友在红包中抽到现金奖后，在淘宝上购买商品时，可以直接抵现金使用。这样网友会让朋友给自己发红包，通过抽到的电子券来抵现金，同时还可以冲刺4 999元现金大奖。

淘宝的成功，让2014年春晚也发起了“#让红包飞#”的活动。只要扫描二维码便可以抢红包，同时还可以将这个二维码发送给自己的亲朋好友，作为新年礼物。另外，这次活动不仅可以抢红包，还可以与春晚上的明星聊

天。（图4–14）

图4–14　2014年春晚微博话题二维码页面

在二维码推广中，这种方式更容易让消费者参与进来。无论索取方还是给予方，都能够在活动中得到快乐，享受到实惠。

营销小贴士

想让消费者帮助企业宣传，还可以用玩游戏对决，通过朋友与朋友之间的游戏对决来带动产品的宣传，并限制每个人的游戏次数，只有赢者可以无限通关。其实在让消费者参与宣传过程中，可以多从日常生活细节入手，这样才能够贴近消费者的生活，让更多的人参与进来。

个性化送礼：JCPenney，在礼物上附赠语音祝福

在实际生活中，消费者之间能够相互传送的二维码，大部分是相互赠送礼物时商品包装上的二维码了。这种情况确实可以引发部分人群的扫码。但在一些节日的营销推广方法中，企业还利用了人们送礼物的过程，将二维码推广到对方手机中。

美国一家叫JCPenney零售商店，在圣诞节前推出了二维码礼物：利用二维码达到了圣诞老人送礼物的效果。顾客走进JCPenney商店购买圣诞礼物后，可以拿到企业制作的“圣诞老人”二维码标签。顾客对着二维码进行扫描之后，按照系统提示将自己的手机号码输入系统中，并在系统中语音留言。系统通过对顾客声音的录制，自动生成语音二维码。顾客将制作好的语音二维码，塞到礼物的外包装上，当这个语音二维码被收礼物的人拿到手上时，对着上面的二维码进行扫描，就能听到亲朋好友送出的语音祝福。

二维码送礼的推广能够让消费者将礼物送到对方心坎上，通过扫码进入语音制作系统，还能够将客户的电话号码保存到企业的档案中。另外，企业也可以采用这种方法，对前来购买的顾客送出一份圣诞礼物，让顾客感受到企业的贴心用意。

通过“私人定制”，将二维码传给对方

二维码不仅仅是企业宣传利器，还能够为消费者定制其需要的二维码，比如二维码蛋糕、二维码请柬、二维码求婚海报等。通过私人定制的二维码还可以传递消费者所需产生的效果。在一定程度上，这样的方式将二维码个人化，每位前来定制的消费者，都有一个专属的二维码，企业也可以让消费者扫描二维码来自由定制，这时，企业只需要根据客户需求提供个性化的服务即可。

比如：定制手机壳二维码。商家在售出手机时，可以将带有二维码的手

机壳赠送给消费者，上面印着手机壳使用的注意事项。从某种程度上说，这种方式可以增加手机的销量。还可以将二维码换成私人定制的，把手机壳送给别人，并在二维码中输入励志的语句。当对方情绪不佳时，就可以通过扫描二维码来抚慰自己。

又如：在衣服上印刷二维码。消费者在把衣服当礼物送时，企业将二维码印到衣服上，来传达朋友间深厚情谊；而这样个性化的服装，也根本不用担心撞衫。

私人定制的二维码，还可以通过二维码的彩色、场景型二维码的个性制作，让二维码更有意思。不过在定制个性二维码时，必须经过多次扫描来确定二维码能够被扫描出来。不然，当消费者把礼物送到对方手中，却无法解读出二维码的内容时，这不仅让送礼者很丢脸，也会让收礼者不快。

二维码贴心服务，送保障、送健康、送漂亮

送礼可足以表达对方的心意，但礼物要足够贴心，让人感受到送者的诚意。于企业而言，这样的“礼”也可以为企业创造业绩，不仅有面子，还让收礼者觉得实用、新颖。

美国前卫型化妆品品牌Urban Decay就推出了二维码贴心服务。许多女性顾客买完眼影回家后，并不是非常了解企业化妆品的质地、颜色，只能在不断尝试中将妆面化好。Urban Decay则在眼影盒上贴上了说明卡，并附上二维码。消费者通过扫描上面的二维码可以查看完整的化妆影音教学。

当销售员向男性消费者介绍时，他们一定愿意买这样的产品送给女朋友。这样的二维码推广，不仅能够获得女性消费者的喜爱，还能够获得男性消费者的喜爱，是男性送礼的法宝，也是女性消费者继续使用的不二选择。

营销小贴士

在定制二维码时，应注意二维码的精简性，只有精简的二维码才容易读出。需要注意的是：使用过多的二维码送礼创意，也会变得没有诚意。

发起有挑战性的游戏：吸引消费者参与

点开微博、人人网、QQ空间、微信等社交软件，大部分信息都具有一定的娱乐性。无论哪个时代，死板、枯燥的信息都只能从消费者的视线消失。而这也充分说明，好的推广应该加入娱乐元素，方能与消费者轻松、自然地沟通。同时，在娱乐中还可以加入互动环节，充分调动消费者的热情，只有消费者的热情被调动起来、积极参与到活动中时，推广才容易成功。

土耳其航空公司在推广时使用了二维码，让消费者通过扫描二维码来获得往返土耳其全球200多条航线的免费机票。为了让扫码取得良好的效果，土耳其航空公司将70多个奥运会参与国家和地区的旗帜制作成了二维码，分别放到了伦敦市90多个公交站牌内，让参与者寻找藏在公交车站牌里的二维码。找到后通过扫描，将获得一面旗帜。通过扫描二维码的数量来增加旗帜的数量。收集完成后，可以凭借旗帜在土耳其航空公司的移动网站上登记。活动结束后，土耳其航空公司公布的最终那位参与者就可以获得机票。（图4-15）

图4-15　土耳其航空公司二维码活动优酷视频

该活动充满了娱乐性和挑战性，让参与者积极热情地参与到活动中。参与者每找到一个二维码就会向成功迈进一步。通过自己努力获得大奖，参与者感到开心，同时也充满了成就感。

无论何种游戏，玩家玩过一段时间后，即使对该游戏减弱兴趣，也会因为级别、积分、金币等原因，一直无法舍弃；还有的玩家则是通过游戏来达到满足感和自豪感。比如：级别比朋友高、装备比朋友好等。在做游戏挑战赛时，也可以让参与的消费者有自豪感和满足感。

把枯燥宣传变成有趣的扫码游戏

条幅、标语式的宣传企业如今依然在使用。虽然给人僵硬的感觉，不过也能起到一定的宣传效果。在这样“硬”性的宣传上，加上二维码或许就能够让其活起来。

台湾台北市政府大胆创新，在2010年的台北国际花卉博览会上，使用了二维码作为营销方式。他们在博览会的宣传上打出“寻宝达人闯关活动”的字样，将移动互联网与二维码结合到一起。政府为了宣传更多的便民服务，设计“寻找花博与精灵搜集勋章”的游戏，带领民众体验政府的服务和让民众加入花博粉丝团，并通过该游戏体验手机上网与二维码结合的趣味性和便利性。

在活动中，民众需按照网页上的提示将花博吉祥物：橙色花精灵小葵、紫色花精灵小郁、蓝色花精灵小球、绿色花精灵百儿、红色花精灵兰儿这5朵花精灵以及勋章通过扫码来进行收集。收集完成后，民众就可以参与各项关卡抽奖活动。

这个二维码活动充满了趣味性和吸引力，通过政府带动民众参与到活动，让民众感受到政府的便民服务的同时，也为博览会做了极大的推广。

结合网络推动挑战游戏

在二维码推广中，可以结合网络来进行宣传。可以将二维码投放到网友密集的地方，比如：微博话题、微信朋友圈、人人网等。

比如，天猫有一次将推出的挑战游戏投入到官方微博中，吸引微博上的粉丝参与进来。同时，还给游戏加了话题“#我画你猜，猜中有奖#”。加入话题后，非企业粉丝也能在寻找话题中看到企业的活动，如果活动带动的网友引发评论热潮，还能够上微博热门话题榜。（图4–16）

图4–16　新浪微博天猫官方微博“#我画你猜，猜中有奖#”活动二维码

在天猫“#我画你猜，猜中有奖#”的活动中，天猫借用了当下最火热的游戏“我画你猜”，不过不同的是，由天猫画图，让网友猜。网友看到天猫画出的图片后，可以通过扫描二维码的方式来回答问题。如果网友回答正确，就可以得到天猫送出的神秘大奖。

将二维码与挑战游戏结合起来，带来新的宣传模式。同时企业在推广时还可以将二维码投放到网络游戏中去，吸引本身爱玩游戏的消费者。而这些游戏玩家本身就是年轻人，他们对二维码这些新事物更容易接受并扫码参加活动。

营销小贴士

许多挑战赛都只是单纯的游戏，这样只能带动消费者参与，并不能让消费者感受到企业的品牌文化，并记住企业名字。企业以挑战赛游戏做推广时，可以将企业的产品与游戏相融合，以实现游戏、宣传双丰收。

第五章

电商业：优惠活动引爆热销

互联网将商品从线下搬到了线上，二维码又将互联网与线下商品紧密地联合在了一起，将不同媒介间的联系、转换变得更加简单，拉近了电商、运营商与消费者之间的距离。与电脑相比，手机给了电商们更大的营销空间：等公交车时“逛一逛”；坐车时顺便“下个单”。手机变成了一个活脱脱的掌上超市。可以说，二维码打开了电子商务新局面。

1号店：多元化推广，好“码”等你来扫

随着手机的快速发展，手机从最初打电话功能到改变人们的生活方式，使更多的人对手机产生了依赖。环顾四周，无论在公交车上、地铁站、商场收银处……只要是空闲时间，人们都会翻看自己的手机。当人们的生活因手机而发生改变时，装在消费者兜里的那支手机，变成了企业眼里的一张张彩色大钞。

互联网时代向数字时代的转变过程，让电商从互联网也转向了移动设备。企业开通了官方微信，建立了APP，可这些远远不够的。不管官方微信多么精彩、APP软件里的活动做得多么吸引眼球，在宣传力度不足的情况下，消费者都无法享受到这些服务。为此，企业纷纷在网上贴出了自己的二维码。当消费者上网消费时，看到旁边的二维码未必会拿出手机扫一扫。因为此时的消费者想要的商品与服务，在网上都可以办到。在这样的情况下，企业不仅想让客户在网上享受到便利服务，还想让消费者拿起手机，对着黑白小方块扫一扫，那就需要这个二维码有足够的吸引力了。

移动设备专享，扫码抢免单

在中国，随着网络的普及，一二线城市的线上消费是当下的主流消费。当消费者想买某件商品时，打开网页就可以查询到商品信息、价格、功能然后进行购买。在这种情况下，企业的宣传只需吸引消费者去企业的网站浏览就可以了。但在数字时代，想要获得更多的客户，只是在企业网站做一些活动是远远不够的。

2008年7月11日，1号店正式上线。开创了中国第一个“网络超市” 。只要登录1号店官网，就可以看到各种各样的商品，多达340万种。2013年1号店实现了115.4亿元的销售业绩，成为国内最大的B2C食品电商。截至2013年12月，1号店注册用户达到5 700万，“掌上1号店”注册用户达到1 500万。

1号店的成功除了贴心的服务外，还与它和宣传与推广有关。在宣传上，1号店同样也使用了二维码，为了吸引消费者扫码，1号店为消费者推出了“掌上1号店，分分钟抢免单”的优惠活动，这个活动与网站上的其他活动区分开来，明确地告诉消费者只有扫码才可以抢到优惠。（如图5-1）

图5-1 1号店网页的活动

消费者在网页上看到这个二维码，想要参与免单的活动，就不得不扫这个二维码了。

网站与地铁站、公交车、墙体等户外的推广非常不同。在户外的扫码活动中，只要吸引消费者扫码就可以了。但是在网站上，消费者本来就在互联网中，扫码只会让消费者觉得多此一举。1号店推出的“掌上1号店指明手机专享优惠”的服务，就成功地吸引了大量的手机客户。

线上线下结合，扫码推广“只”身户外

随着二维码在网络上的广泛运用，各种优惠活动让坐在电脑前的消费者目不暇接。可网络是有局限性的，无论店家在网站上做多少优惠活动的宣传，都只能在互联网上看到。企业的优惠活动想被更多人知晓，就要吸引线下的消费者。

1号店在优惠活动的宣传上，除了在网上做大力的宣传，还增加了户外海报推广活动。（图5-2）走近地铁站，会看到1号店优惠活动的海报贴满整个墙面，这张巨大的海报想让人忽略都难。乘客在等地铁的闲暇片刻会看一看海报上的内容，此时，优惠信息如果刺激了消费者的购买欲，他们就会拿出手机扫上面的二维码，下载1号店的客户端，对海报上的信息进行详细

图5-2　地铁站内的1号店海报

的了解。

即使消费者没有被活动吸引而扫码，至少这样的活动为企业做了推广，让更多的消费者了解1号店。

扫二维码，看“老总亲吻奶牛”

如今，各电商优惠活动层出不穷，想吸引消费者的眼球不仅需在活动力度上下功夫，还要让活动产生娱乐性和话题性。1号店除了在优惠活动上取得成功，还在娱乐性和话题性上引起消费者和媒体的关注。

2014年5月28日，上海张江地铁站惊现一头奶牛。（图5-3）正当众人纷纷好奇，不知这头奶牛从何而来之时1号店的董事长于刚发微博宣布：要当众亲吻这头奶牛。这条微博不仅引起了媒体的注意，吸引了广大粉丝的目光。

当天，1号店的活动推出抢奶活动：只要消费者在4小时内成功抢走100个集装箱奶，1号店的董事长就会亲吻这头奶牛。此次活动目的，就是要与消费者比一比，看是消费者的手脚快，还是店家的奶水足。

活动推出后，掌上1号店推出了专属移动客户端用户的抢奶活动，不仅如此，还对扫码的消费者加大了优惠力度，手机客户端用户更有额外的15元的抵用券。（图5-4）

图5-3　1号店官方微博，上海张江地铁站出现的奶牛

图5-4　1号店官方微博，掌上1号店扫码抢奶优惠活动

活动定在上午10点，这个时间点消费者或在外面活动，或正在工作，为了不错过这样的活动，只需扫一扫二维码，这样不仅可以享受独特优惠，还可以随时抢奶。

活动当天，仅用51分30秒的时间，100个集装箱的进口牛奶就被网友抢购一空。此举刷新了同年3月18日1号店创下的吉尼斯世界纪录。这时，人们不仅享受到了抢奶优惠，还在抢完奶后围观董事长亲吻奶牛场面。（图5-5）

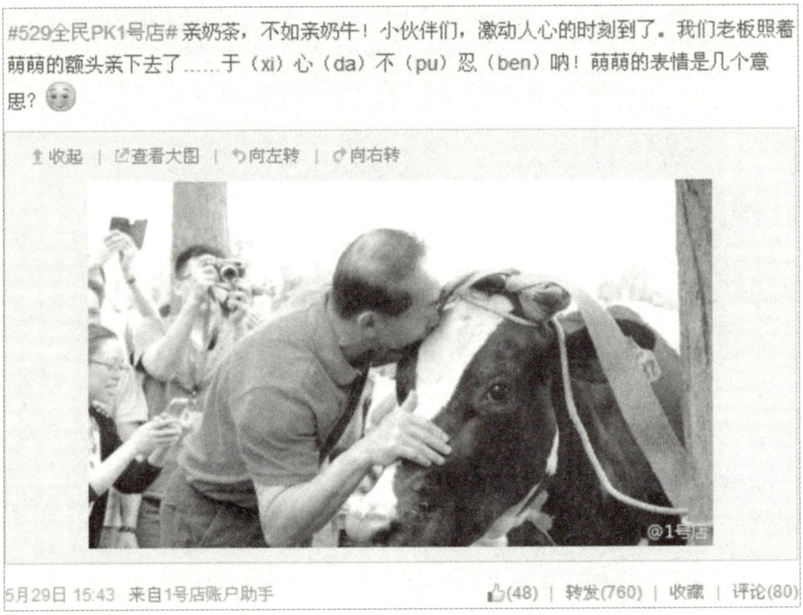

图5-5　1号店微博中，晒出董事长于刚亲吻奶牛的现场照片

亲吻奶牛的活动现场，媒体争相拍照，对此举大加报道。1号店不仅提前完成了销售任务，还增加了媒体的曝光度，为企业进口牛奶营销做了全力的宣传。

营销金点子

电商在做二维码优惠活动时，并不只是扫码二维码下载企业的APP或者关注微信，还可以用扫码成为会员、扫码带来更多资讯、扫码查询信息等活动吸引粉丝。在二维码的营销策划上，一定要让二维码的活动方式尽量灵活多变一些。

京东商城：扫码玩游戏，优惠送不停

在地铁里、公交车上、步行中，总会看到人们聚精会神地盯着手机屏幕。如果偷偷地看一眼他们手里的屏幕，就会看到有的在看新闻，有的在看视频，还有的正在玩某款游戏。如何度过无聊的时光，是当下上班族和学生哥每天必须面对的一件事。二维码进入人们的生活后，如果人们的视线没从手机上移开，就说明二维码还不够精彩。

在许多公共场所，二维码出现在消费者的视野，安静地“躺”在那里，用“可怜巴巴”的眼睛祈求路人——扫我吧！这时，如果二维码足够可爱，活动足够优惠，张贴位置足够正确，就会吸引路人来扫码。但这些并不能保证他们扫码之后，真正进入企业，享受企业带来的优惠。企业更希望扩大影响力，让客户在闲暇之余对他们有充分的关注。

扫码摇一摇，边看电视边拿大奖

消费时代的来临，让人们每天都能看到各种扫码享优惠的活动。为了吸引客户购买自家产品，企业争相降低折扣，商家加大宣传力度，为的就是能争取到更多的客户。当企业把目光都投向如何让消费者参与活动时，京东商城却与消费者玩起了游戏。

京东商城是中国最大的综合网络零售商。在线销售的商品多达数万个品牌，数百万种商品。2013年，京东商城营业额超过1000亿人民币。2014年5月22日，京东商城在纳斯达克挂牌，成为国内为数不多的在美国上市的公司。股票发行价格19美元，以此计算，京东市值为260亿美元，成为中国内地仅次于腾讯、百度的第三大互联网上市公司。

京东商城的成功，不仅因为它的完善的服务，还因它的宣传力度。一向喜欢与电视平台打交道的京东商城，自然不会错过最热、最火的频道与节目。在2013年《我是歌手》的节目中，京东商城成为第二季《我是歌手》独家电商合作伙伴。广大观众观看比赛之余，还可以参加京东移动客户端互动抽奖的新玩法——“喜摇摇”。

“喜摇摇”是京东为《我是歌手》推出的专场活动。在每周五20:00到周日24:00《我是歌手》播出以及重播的时间段内，每期送出70多万张京券，同时还有价值两百万元的现金以及《我是歌手》现场门票和神秘大奖。想要参与“喜摇摇”活动的观众，只要拿出手机扫一扫京东的二维码，下载京东客户端，就可以享受《我是歌手》专场的摇大奖的活动。（图5-6）

图5-6　京东二维码

利用电视媒体的推广，让很多看《我是歌手》的观众，知道了京东商城。如果喜欢《我是歌手》的观众想要得到门票，就会想办法摇一摇。当观众扫完二维码下载了京东的APP之后，会看到一个“摇啊摇”的菜单（如图5-7），这个菜单不仅在《我是歌手》活动时摇，还可以在日常的生活中也摇一摇，优惠券、打折商品、现金券……总会有惊喜出现在消费者的手机里。

任何人都存在侥幸心理。当京东APP下载到消费者手机中后，每天只需花费不到一分钟的时间，就可以摇下手机，说不定有什么样的惊喜在等着京东APP的用户。

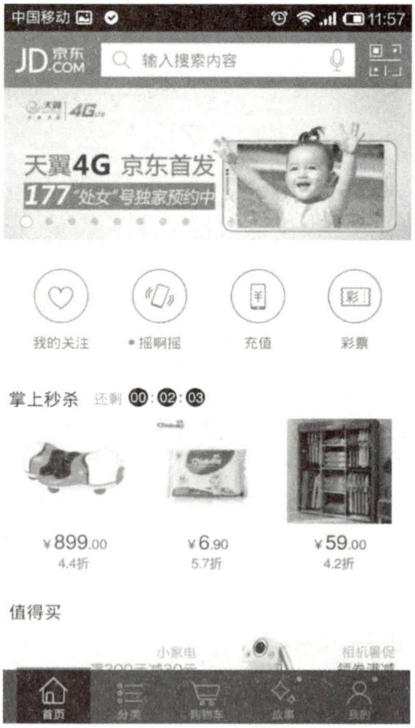

图5-7　京东客户端主页

扫码玩游戏，边玩边赚钱

游戏已经成为当下时尚男女每天在工作之余的消遣活动，随着植物大战僵尸、愤怒的小鸟、找你妹、酷跑以及当下最火的2048游戏的大热，无论在乘地铁、公交车或者在休息时间总能看到人们玩手机游戏。

手游的层出不穷，让用户加快卸载老游戏下载新游戏速度。哪家企业也不能保证，自己的游戏能在用户的手机里永久占有一个空格的位置。无论用户喜欢哪款游戏，在玩到一定级别后，或者想要升级游戏时，总会弹出一个页面提醒用户，缴费买装备。

图5-8　京东商城下载JOY游戏的二维码

京东在游戏成为用户掌中宝时，推出一款名叫JOY的游戏。为了吸引消费者下载，打破玩游戏花钱的传统观念，将玩游戏如何赚京豆作为首要目标，让广大消费者在看到京东商城推出的玩游戏赚京豆的二维码说明后，能够扫码并下载游戏。

此款游戏与京东商城账号绑定，让消费者在玩游戏的同时还能赚取京豆和优惠券，当消费者上京东商城购物时，可以用京豆来支付。这样一种方式不仅让消费者打发了无聊的空闲时间，还为自己赚取了京豆和优惠券，可谓一举两得。

图5-9　JOY游戏下载界面

这时，消费者或许忍不住想玩一下京东商城的这款游戏了。只需找到京东商城推出的二维码，扫一扫二维码就可以下载此款游戏。（图5-8）消费者只需对着上面的二维码扫一扫，就可以进入下载游戏的界面。（图5-9）点击“安装”后，就可以进入游戏了。（图5-10）游戏下载完成

图5-10 JOY游戏登录界面

后，点击手机桌面上的JOY，输入京东商城的账号和密码，就可以玩游戏了。

在许多电商用各种优惠活动吸引消费者眼球时，京东却紧盯消费者手里的移动设备，让品牌在用户玩游戏的同时渐渐受到影响。游戏成了品牌与用户之间的一种娱乐沟通方式。这种方式可以让用户在游戏中潜移默化地接受并享受品牌，让观众和用户在无聊之余，轻松地把京东“握”在手中。

营销金点子

企业在做二维码宣传推广时，无论文案或宣传方式多么吸引人，一定要让二维码出现在活动页面上，并让二维码在网页中让消费者一眼就能看到。

苏宁易购：让二维码更醒目，消费有码为证

二维码逐渐走进人们的生活，只要用心总能发现二维码存在。比如在海报、网络、易拉宝、食品包装上……当人们被广告文案吸引时，如果没有提醒消费者扫码，或者把二维码摆放在醒目的位置，很难吸引消费者去扫码，人们更容易被广告上的优惠活动吸引。用这样的文案，优惠活动的推广可能是成功的，可二维码的推广就成了败笔。

无论在网站、海报、易拉宝等看到的二维码，总是在边边角角处发现。甚至有些网站的二维码小到根本无法扫出来，这让对企业感兴趣的消费者如何成为企业的客户？但这并不意味着二维码越大效果就一定越好，对于电商业来讲，用什么样的方法把商品卖出去才是重点。当选择二维码作为营销的利器时，也要把二维码真正地重视起来，让客户看得见、扫得到。

二维码随页面滚动，优惠看得见

企业为了追赶数字时代的潮流，纷纷建立了自己的二维码。可并不是所有企业的二维码容易被找到。随便打开几个网站，总会在企业网站的末端看到一个“无助”的二维码贴在那里，像是遗落在角落里布满灰尘的洋娃娃。（如图5-11）

图5-11　天猫网站二维码

消费者想要找到企业的二维码，就要把网页一拉到底。当然，这样对企业来讲或许是有好处的。因为当消费者寻找企业的二维码时，也在浏览网页的信息。但这对想要扫码关注企业的消费者来讲，并不是所有的人都有这样的耐心。

苏宁易购，是苏宁电器旗下推出的网上购物平台。现已覆盖家电、3G电器、日用百货等类别。借助苏宁电器，苏宁易购实现了网络与实体店同步发展。消费者从苏宁易购所选购的商品，不仅可以送货上门，还可以选择去苏宁任何一家实体店自助取货。

拥有上百家实体店的苏宁电器，对苏宁易购的宣传与推广不仅并没有小觑，还能把握数字时代的发展，大力推广苏宁易购的二维码。

打开苏宁易购的网站，会在页面上看到一个随页面滚动的二维码。无论消费者把停留在网页的哪个位置，总能看到它。（图5-12）如果这时消费者想要关注企业，随时都可以拿出手机来对着上面的二维码扫一扫。

不仅如此，当消费者在浏览打折商品时，二维码时时提醒消费者扫码优惠，令消费者想要忽视都难。

与网上其他电商相比，苏宁易购的二维码大而显眼。这既避免了消费者

图5-12　苏宁易购活动页面的二维码

扫不到码，它的位置更醒目，又能让消费者第一眼就能看到。

商品专有二维码，提高商品销量

对于互联网而言，哪里有电商，哪里就有永无休止的价格战。秒杀、打折、优惠等字眼充斥着广大消费者，让消费者根本停不下来。为了能够赢得更多客户，京东商城曾挑战苏宁和国美电器的价格，在电器的价格上永远比它们低10%，消息一宣布，苏宁易购和国美电器的商品也纷纷降价。所以，只要有电商存在，硝烟总会弥漫不散。

电商总是用秒抢、时抢等方法来与消费者比时间。看企业商品多，还要消费者的手指快。网友至今仍无法忘记2013年11月11日，各大网站推出的抢购活动。不仅造成网站瘫痪，还让许多想要购买商品的消费者因没有抢到所需的商品对商品惦念不已。

苏宁易购为避免在抢购时出现消费者抢不到商品和网络的瘫痪，在官方微博上推出商品专有的二维码。当消费者想要购买此商品，只需扫一扫商品旁边的二维码就可以支付了。为了避免消费者扫不到码，企业特意将二维码放大。这样的二维码不仅节省消费者的时间，更节省点击商品链接所带来的麻烦。（图5–13）

图5–13　苏宁易购商品二维码

在做抢购活动时，运用二维码来购买商品，不仅可以在大型优惠活动中分散一部分客户，避免结账瘫痪，还能让白天因工作不能上网的消费者使用手机购买商品，为企业带来双重收益。

广场热舞推广，引扫码热潮

每天晚上城市的街角、广场、小区空地，总能看到吃完晚饭后锻炼的人们。一首快节奏音乐，几个人或者几十个人组到一起，两者结合构成人们经常见到的广场舞。当广场舞大热几乎人人都可以跳上一两段时，苏宁易购也应时玩起了广场舞。不同的是，他们由一群年轻人组成，身穿苏宁易购印有二维码的统一服装，舞动在各大城市闹市区。（图5–14）

图5–14　苏宁易购身着二维码服装跳舞的女生

这样的活动引起人们的注意，当人们驻足观看时，并不能清楚地看到跳舞的年轻人身上的二维码，为了能够让观看的人们能够扫码，会有漂亮的礼仪小姐现场发放海报大小的二维码卡片。（图5–15）

这个活动不仅到场的观众可以看，苏宁易购还把这段活动的内容做成视频传到网上。当消费者看到了苏宁易购的二维码宣传视频，也想扫这个二维码时，视频上就会适时出现方便观看视频的人们扫码的二维码。（图5–16）

图5-15　苏宁易购漂亮小姐发放给观众的二维码

图5-16　苏宁易购青春风暴二维码

这样新型的二维码宣传活动，给现场观看的消费者带来惊喜，苏宁易购还不忘给观看视频的消费者带来惊喜。如果消费者喜欢苏宁易购的代言人吴莫愁，还会在视频结束后，看到由吴莫愁为二维码做的视频宣传镜头。（图5-17）

图5-17　苏宁易购吴莫愁宣传的二维码

这种注重二维码宣传的活动是少见的。二维码正是如此活跃地出现在消费者眼中，引起消费者的重视，让二维码不再形同虚设。

营销金点子

二维码营销也要根据企业的规划与性质来考虑。在企业发展初期，建议使用网络宣传，以及电子名片等功能吸引消费者关注。后期跟进服务质量，了解消费者的真实需求，来促进销售量增长。

亚马逊：二维码“搬运工”，将产品“搬”到消费者面前

中国加入WTO后，越来越多的国外商品引进国内。消费者在享受国外的商品时，又不得不被高昂的关税吓到。许多头脑灵活的人意识到这一点，做起了代购生意。不仅可以帮消费者省掉关税，还可以享受到比专卖店更多优惠。随着代购的大热，QQ空间、微信流行这样一句话：“不定什么时候，你的QQ、微信里的朋友就变成了代购。”这虽然只是针对朋友和网店的小众营销，但却为代购的店家带来了可观的利润。

当朋友在对话框里发过来一个链接，并希望在空间或者朋友圈里转发一下时，身为朋友，这样的要求自然不会拒绝。链接转发成功后，营销活动便开始了。这种“人传人”的营销模式，在营销学上叫作“病毒式”营销。因为它会不断蔓延、扩散，让越来越多的人知道信息。这种营销模式不仅成本低廉，而且效果也好。而在二维码营销中，“病毒式”营销也起着重要作用。

借助微博，让消费者参与“搬运”活动

很多企业看到别的企业利用二维码做广告，取得了很好成绩。自己也盲目跟风，花费大量人力、物力推广二维码。随着二维码的普及，二维码随处可见，人们对二维码趋向麻木，企业花重金推广的二维码并不一定能取得很好的效果。企业在刚接触二维码或者对二维码还不够了解时，营销未必能够做得非常完美，这时花费许多金钱来做营销，这样会增加危险概率。

亚马逊公司，成立于1995年，是美国最大的网络电子商务公司。创业的初始只经营书籍业务，1998年6月，亚马逊音乐商店上线。此后，亚马逊不断增加门类。到2000年的时候，亚马逊公司的宣传口号已经改为“最大的网络零售商”。

随着微博的大热，许多企业在微博上做起了营销推广活动。亚马逊在

宣传上也利用了微博。消费者在刷微博时，总有关注的人或者粉丝@自己。打开消息，你会看到亚马逊@三位好友参与抽奖活动。这时，消费者如果想要参与进来，只要用同样的方式@三位好友，即可参与抽奖活动。（图5-18）

图5-18　亚马逊@三位好友的活动

但亚马逊在@三位好友参与活动的方式，与其他企业不同的是，在海报上贴出了二维码，消费者在转发并@三位好友后，则需把转发成功的页面截图到亚马逊官方微信，然后参与抽奖。

这时，参与过转发的消费者就不得不扫一扫海报上的二维码了。从参与活动到奖品公布，这段时间足可以让消费者在其间了解企业的服务与优惠活动，如果这时企业的服务与优惠又做得足够吸引消费者，消费者也必然能够成为企业的忠实客户。亚马逊在二维码的宣传上，不仅利用"病毒式"营销让消费者一传十、十传百地为企业做了宣传，同时还让消费者关注了企业的微信，在宣传上也降低了成本。

货物查询，把二维码"搬"到物流上来

网络与数字时代的到来，让都市白领和上班族，成了网购一族。打开网页应有尽有，手指轻轻一点，便可以坐等快递送货上门。消费者在享受购物乐趣的同时，也必要经受商品在路上的煎熬。每一位消费者都渴望自己所选购的商品第一时间收到。如果这时快递不给力，就为消费者带来了烦恼。轻者商家受消费者投诉，重者将失去一位客户。

亚马逊在让消费者体验到购物乐趣的同时，还把快递服务"搬"到了

消费者的手机中，方便消费者时时查询，这也省去了登录网站、查询订单信息等烦琐的步骤。

消费者想要享受这一便捷服务，只需对着亚马逊官方微信上的二维码扫一扫（图5-19），无论消费者身在何处，都可以时时查询物流信息，方便消费者取货。

消费者在找到官方二维码后，对着上面的二维码扫一扫，会进入到订阅微信包裹跟踪信息主页面。（图5-20）

图5-19 亚马逊官方物流查询二维码

进入“包裹跟踪查询”主页面后，点击“Z服务”菜单，就可以进入到“是否允许亚马逊获得消费者信息”界面。（图5-21）

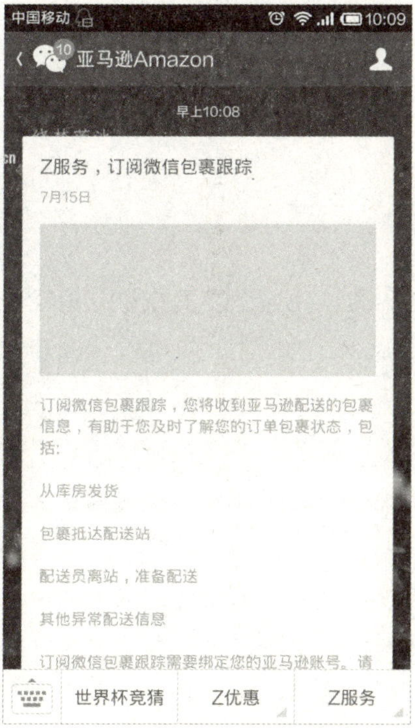

图5-20 亚马逊包裹跟踪微信界面

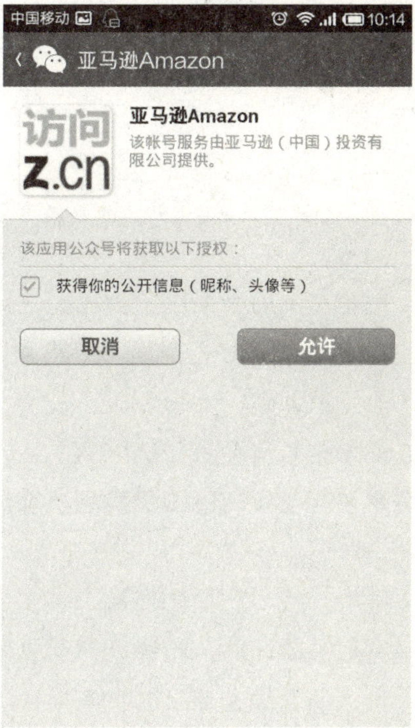

图5-21 亚马逊“是否允许亚马逊获得消费者信息”界面

这时，点击“允许”菜单，就可以进入到微信绑定界面。（图5-22）

消费者在这个界面需输入在亚马逊注册的信息，填写完信息后，点击“登录”就可以登录亚马逊官方微信了。（图5-23）

图5-22　亚马逊绑定界面

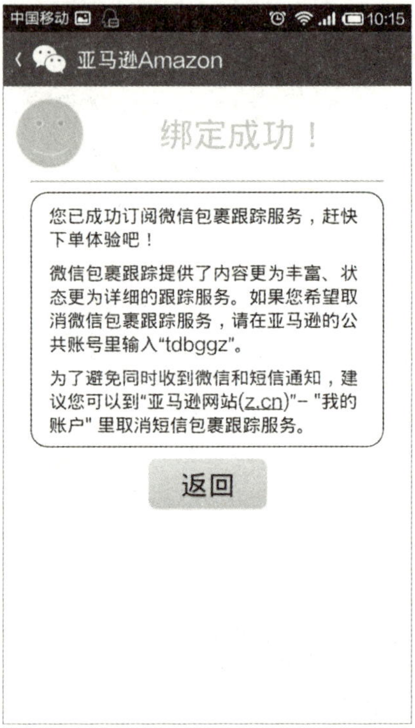

图5-23　亚马逊官方微信绑定成功界面

点击登录后，系统会弹出绑定成功的界面，在这个界面点击“返回”，就会回到包裹跟踪主界面了。在主界面上点击“Z服务”就可以查询我的订单了。（图5-24）

如果这时消费者已选购商品，点击“我的订单”会弹出订单信息。如果消费者没有在亚马逊购买商品，系统则会弹出“没有订单”的对话框。（图5-25）

同等价钱与质量的商品，消费者更喜欢选择服务更全面的商家。亚马逊在售完商品的同时，也为客户带来了便捷的包裹查询，这不仅省去了客户打客服查询的麻烦，而且客户在关注亚马逊官方微信后，也会关注更多亚马逊提供的各种优惠信息，从而带动客户再次购物。

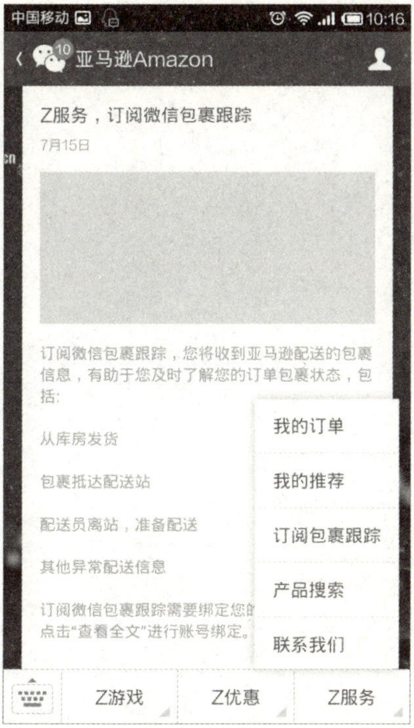

图5-24　亚马逊微信包裹跟踪主界面

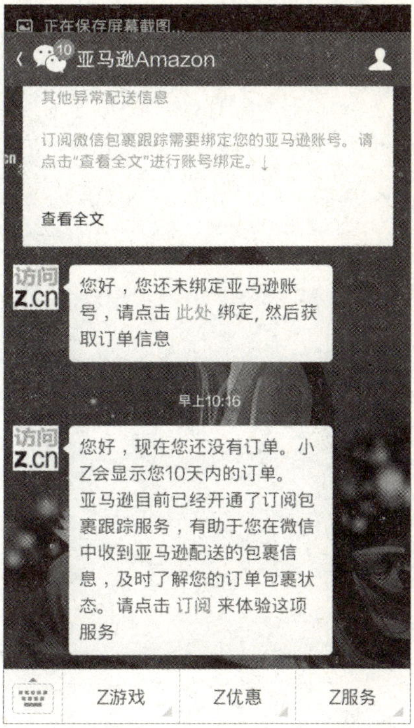

图5-25　亚马逊订单信息查询

营销金点子

目前，许多企业把二维码营销当成一种媒体，用来发布广告信息。这种定位是错误的。这也导致在二维码的推广中无法起到应有的作用。由于手机的随身支付、位置服务等功能，企业在宣传与推广上也可以从其他方面着手吸引消费者。

第六章

酒店业：加强客人与品牌的互动性

随着智能手机的普及，手机支付已开始影响和改变酒店业的运营模式。许多大型酒店企业都开通二维码让客户订房，一些小酒店、旅馆还在等待消费者主动上门；当旅游旺季来临，许多大型酒店早已通过二维码服务将生意包揽得满满时，一些传统酒店企业则只能通过在火车站向游客推荐的方式来招揽生意……并非企业酒店服务或环境不好，而是许多企业还未找到更好的营销模式。传统酒店企业面对如此激烈的竞争，在移动互联网时代做好营销策划呢？

布丁酒店：二维码扫一扫，增加粉丝活跃度

二维码走进消费者的生活，不时出现在消费者的视线。当消费者拿起手机扫完码后，各种纷至沓来优惠活动推送，让消费者很是反感。每个消费者的微信里会有许多关注，每个企业发一条消息，也是会影响消费者的工作与生活。可如果不推送活动，又无法带动消费者的热情。

随着微博、微信的大热，消费者每天都会主动登录查看信息。有些消费者甚至到了不写微博、说说就浑身不自在的地步，可见人们对手机的依赖程度。但并不是所有的网站都能够带动消费者的热情。当消费者被某个活动吸引，关注企业微信或者下载企业APP后，很可能在活动结束，消费者就卸载APP或者取消对企业的关注。这时，企业就要考虑如何与消费者加强互动，让消费者一直关注着企业。

借助热门话题让消费者参与进来

2012年是传说中的“世界末日”，虽然是一种迷信说法，但依然引起了人们的恐慌。在2012年12月21日到来之前，谁都无法知晓第二天会发生什么，但是布丁酒店知道，在“世界末日”这一次，他们将会迎来满员住客。

布丁酒店是中国第一家时尚、新概念的连锁酒店。以时尚、自助、自由为企业营销宗旨。为年轻白领、商界人士和个性化的人群提代时尚、环保、简洁、张扬个性的客户服务。布丁酒店的客户定位为18~35岁以下的年轻人，这些人一般喜欢自由、时尚、爱网络、爱音乐、爱旅行。这一类年轻人拒绝雷同，希望所入住的酒店能够彰显自我风格。通过5年的运营和市场检验，布丁酒店发现他们的定位非常正确。截至2013年10月，布丁酒店遍布北京、上海、广州、成都、西安、武汉等40多个城市。

2012年12月20日，离“世界末日”还有一天，布丁酒店在官方微博上发出了“抢占2012避难点”的活动。消费者只需要扫海报上的二维码，关

注布丁酒店官方微信并获得会员卡，即可以进站等候布丁酒店发出的检票通知。（图6–1）

图6–1　布丁酒店官方微博“抢占2012避难点”活动

活动一推出便引来热烈反响。一位网友在抢到布丁酒店的免费房间后在网上发布了一条“【末日求汉子，末日求陪睡】”的微博，引发南方日报、半岛晨报、龙虎网、新浪辽宁等争相转发。当天转发量达到16 344条，并有10 409评论。（图6–2）

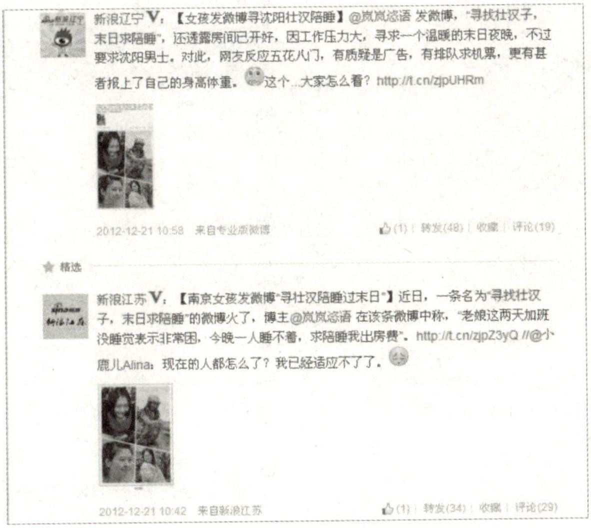

图6–2　布丁酒店此次活动受到各大媒体报道

“抢占2012避难点”的扫码活动，可谓大获成功。活动结束后，又引发新一轮转发，让活动余声未了。此次活动不仅得到了良好的推广，更让喜欢刷微博的网友参与到互动中来，实现推广互动双丰收。

“码上”扫一扫，看“妹纸”接龙

随着美图秀秀、PS等图像修复美化软件的广泛使用，打开网页，大部分网友都变成了萝莉、小清新、帅哥。虽然经过软件处理可以使照片变得漂亮帅气，但照片并不能掩盖人的真实面目。“不入虎穴，焉得虎子”，如果网友想知道照片本人长相如何，不如亲自去看一看。

布丁酒店在2013年3月27日，推出互动游戏，加布丁酒店官方微信，看“妹纸”的闯关游戏。在游戏中，不仅可以看前台妹子的照片，如果网友觉得看前台妹子的照片太费劲，布丁酒店官方微博的小编也可以爆照，让网友一次性看完萌妹照。（图6-3）

如果对布丁酒店前台的妹子感到好奇，可以扫一扫海报上的二维码，加关注，在文字里回复“妹纸”，微信就会弹出妹子的照片。（图6-4）

图6-3　布丁酒店官方微博“猜妹纸，看妹纸”的活动海报

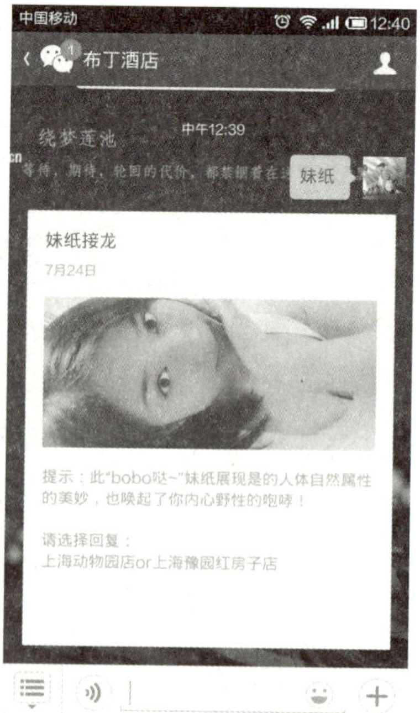

图6-4　布丁酒店官方微信“猜妹纸，看妹纸”活动主页面

网友无论只是去微信里玩游戏，还是看到漂亮妹子后想要去实体店核实，都带动了网友的互动性。网友在此活动中，平均停留时间为21分钟，部分用户隔天继续参与到游戏中来。

扫码立即预订，无须下载APP

无论消费者出差或者旅行，想要住酒店时，不是加微信就是下载APP，这不仅让消费者的手机浪费大量的流量，同时添加微信订阅号关注或者申请会员，再转到订酒店都是非常麻烦的事。

布丁酒店在研发自己的APP的同时，也推出了“扫码既可预订”的页面。如果消费者需要下订单，无需烦琐的查询，只需扫码即可随时随地下订单。（图6-5）

图6-5　布丁酒店官方扫码下单二维码

消费者不想下载APP和关注官方微信时，可以扫一扫这个二维码，便可立刻进入下单界面。（图6-6）

扫码即可下单的二维码，为消费者带来了方便。这个二维码每天为布丁酒店带来近200个订单。

大部分企业扫码加关注、下载APP的活动，虽然可以绑定客户，但也为客户带来不便，当一个文件需要下载到消费者手机中时，消费者很可能关掉页面逃之夭夭。

图6-6　布丁酒店官方网触屏版手机下单界面

营销金点子

在二维码的宣传与推广中，也可以借助热门话题让企业参与到活动中来，并非一定要费尽脑汁去想活策划方案。想要吸引消费者，自然要到人多的地方去，论坛、微博、微信上不缺乏目标客户。只要找准消费者的需求，接下来就可以得心应手地展开活动进行推广与宣传。

锦江之星：扫码特享优惠，塑造企业亲民形象

经常出差或者旅行的人，外出很大一笔钱花费在酒店上。环境优良的酒店价格高昂，价格低廉的招待所、酒店，又无法给消费者带来舒适的环境。互联网的出现，企业把消费者成功地引到了网站上，为了吸引消费者去网站预订，针对网站做出许多优惠活动。在当今互联网时代，手机成为消费者搜索信息主要来源，企业又纷纷把目光盯准手机用户。

当然，在许多城市也有又便宜又舒适的当地特色酒店，但唯一不足的是酒店的位置难找，消费者走到另外一个城市，只能重新寻找适合的酒店居住。除去寻找路线花费的时间以及打车费用，消费者不如在网上订购一家连锁酒店来得实惠。而对于大型连锁酒店，想要赢得更多客户，就需要让普通消费者也消费得起。

扫码下载APP加关注，赠送超级大礼包

在当今数字时代，企业必须从互联网转战手机，才能时刻抢占商机。坐火车、飞机时经常可以看到人们低着头，看着掌中手机或者平板电脑。经常辗转各大城市的商务人士，习惯快节奏、高运转的生活，他们总会提前进入新时代。而对于时尚潮流嗅觉敏锐的青年男女，消费者和生活方式与商务人士又有些不同，但走到另一个城市，也想享受同等服务，这时，企业可以有针对性地做一些促销活动，吸引适合企业消费者的客户。

锦江之星创立于1996年，是国内知名的快捷酒店品牌。锦江之星旗下酒店总数已超过1 000家，分布在全国31个省和直辖市，共200多个城市。锦江之星官网有快速预订、会员特价预订、地图查询预订等特色服务，目前旗下有锦江之星快捷酒店、金广快捷酒店、百时快捷酒店、白玉兰大酒店、锦江都城等品牌。

据统计，锦江之星2011年11月份入住率为82.5%，同比2010年11月

的86.59%下滑了4.09个百分点。同年11月平均入住价178元，环比有所下滑。其主要原因是：新开门店入住率较低，从而拉低了平均入住率。

手机APP的出现，让锦江集团入住率有所上升。锦江之星推出APP后，也推出了一系列优惠活动，使更多的消费者入住到酒店中来。公司推出特价房、首次下载APP返现金券等活动，带动更多的消费者加入到企业中，同时让消费者关注企业的APP。（图6-7）

图6-7　锦江之星官网下载APP预订享礼活动界面

该活动不仅周三、周五、周六有优惠，而且有机会获得50元优惠券，首次登录APP的客户还可以得到100元电子优惠券。同时，锦江之星为了让更多消费者加入到企业中，还推出了“新会员·星体验”的活动，首次扫码加入企业APP的客户，还可以得到锦江之星送出的会员卡，无论何时入住，都可以享受较优惠的折扣。（图6-8）

图6-8　锦江之星官方网站“新会员，星体验”活动界面

如果不喜欢手机上多一个客户端，锦江之星也推出了扫码加官方微信预订酒店，让消费者有更多选择。（图6-9）

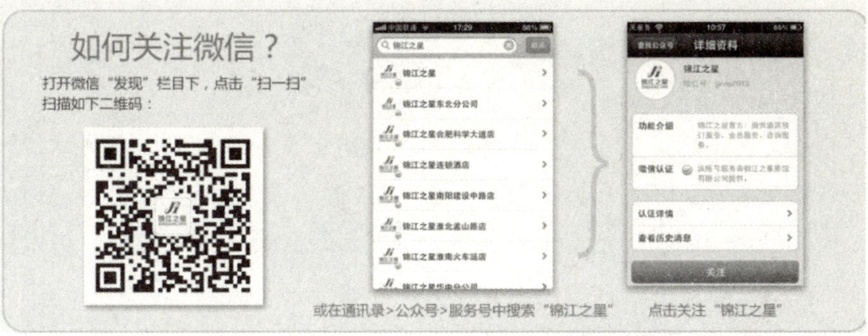

图6-9 锦江之星官方网站提示关注微信的二维码

扫码后，顾客可以加入到企业中来，并看到企业的活动，此时，在历史消息界面中，消费者可以看到“1元秒杀，锦江之星淘宝旗舰店”的活动。（图6-10）

消费者只需1元钱，便有机会秒杀到锦江之星的300元入住酒店的优惠券。

这时，消费者若需要住酒店，可以扫一扫锦江之星海报上的二维码，下载企业的APP或给予关注官方微信，参与到活动中来，体验优惠活动。

大型连锁酒店推出的优惠活动，还是有着非常大的吸引力，不仅可给予许多还未体验到企业服务的消费者一个机会，同时，也让企业在展现服务品质的同时，让消费者成为企业的忠实客户。

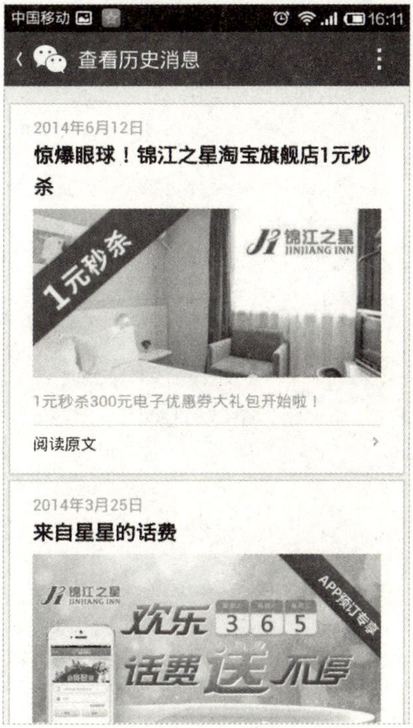

图6-10 锦江之星官方微信“1元秒杀，锦江之星淘宝旗舰店”主界面

扫码，延迟退订

消费者走到另外一个城市，离开时，时间未必是与酒店退订的时间挂钩的。此时，消费者如果离开酒店，就需要“露宿街头”，如果不离开，又要支付一定的小时费。这不仅让消费者左右为难，又让消费者觉得企业管理非人性化。

锦江之星在推出一系列优惠活动后，又推出了扫二维码优惠活动，即扫码下载企业APP，用APP预订酒店的客户，可以专享延迟退房的服务。

扫码预定，专享延迟退房的服务，消费者想到参与到活动中，可以登录锦江之星企业官方网站，找到下载APP的二维码。（图6–11）对着二维码扫一扫，便可以在APP中找到延迟退房的活动。（图6–12）

图6–11　锦江之星官方网站主页下载APP二维码

图6–12　锦江之星官方APP，预订延迟退房一小时活动

这时，消费者可以使用APP预订酒店，只要是APP预定的客户，都可以享受到这个服务。

延迟退房服务为消费者解决了很多问题，首先可以让消费省去小时费。同时，也让那些下午或者傍晚登机和上火车的消费者，愿意入住锦江之星酒店。

营销金点子

企业利用二维码来让消费者下载APP或者关注企业的官方微信，能够让消费者感受到企业的服务，增加与消费者的互动。但企业对关注订阅号的消费者，一定要知道消费者需要什么，再有针对性地推送信息。同时，企业也可以把粉丝和客户按城市划分，以免对粉丝和客户造成不必要的打扰。

速8酒店：二维码让经济型企业更经济

消费者在购买产品时，首先会考虑商品的价格。在价格可以接受范围内考量各个企业产品的款式、质量、参数、功能等。在网络、移动设备发达的今天，消费者想要购买任何商品，只需登录网站便可以了解商品间的价格，然后从中选择适合自己的产品购买。

在商品价格透明的今天，企业纷纷推出优惠活动和降价来吸引消费者。有些企业在降低价格的同时，也会降低产品、服务质量，这让许多消费者大失所望，企业不仅自损名声，也失去许多客户。在酒店这行业，一些大型连锁酒店，在企业服务、品质接近时，消费者如果再享受到其额外的优惠，就会感觉得到一次非常满意的住房体验。

扫码，成为企业VIP

都市白领有时会临时接到出差任务，例如去外地谈一笔业务或者处理公司一些事务，还来不及订酒店，便要到外地去了。这时，消费者需要入住酒店，就无法享受企业的优惠活动。有些企业在团购、预订当天，是无法让消费者享受到优惠的；有些企业则需要提前一天预约，这都为消费者带来不便。消费者想要办理一张酒店随时随地享受打折的贵宾卡，则需要花费一定的费用，如果这时企业可以在消费者办VIP贵宾卡的同时，让他们享受优惠活动，那么对于消费者来说是非常超值的。

速8酒店，英文名为Super 8，是全球最大的经济型连锁酒店。酒店于1974年10月在美国南达科塔州的阿伯丁开业。从1974年至今，全球共有2 100多家。中国地区有680多家开业酒店。在2008年北京奥运会时，速8成为观众住宿免检品牌，并在奥运会期间为奥运村的9栋公寓楼、3个服务中心和2个仓库提供管理，速8承担了整个运动员村服务任务中的24%的工作任务。

图6–13　速8酒店店内“成为VIP+微信预订”二维码活动海报

针对不同的用户群，速8酒店为那些经常出差的消费者，推出办理贵宾卡的优惠活动。消费者扫码使用微信预订并在前台购买企业VIP贵宾会员卡，便可以享受300元代金券、2元饮料和10元话费。这张会员卡无论走到那个城市，都可以在速8酒店享受VIP贵宾会员服务。经常出差的消费者可以扫一扫速8酒店的二维码，办理一张贵宾卡，即可轻松享受贵宾会员的折扣。（图6–13）

扫码后系统跳转速8酒店官方微信，在微信中可以看到速8酒店推出的活动。（图6–14）

看到活动页面后，可以点击了解详情，并按照活动要求来参与活动。（图

6–15）

如果消费者想要了解企业更多信息，还可以点击菜单栏“精彩活动”来查看企业的优惠信息。（图6–16）

为了扩大活动的影响力，速8酒店不仅在酒店内贴出了“成为VIP+微信预订”活动的海报，在速8官方网站依然打出了“成为VIP+微信预订”的活动海报，让更多的消费者可以通过扫码来预订企业的酒店，并成为企业的VIP客户后，享受随时到店的VIP折扣。（图6–17）

速8酒店在夏季旅游旺季期间推出“成为VIP+微信预订”活动，让更多消费者在预订酒店时看到此活动，成功吸引了更多的消费者。

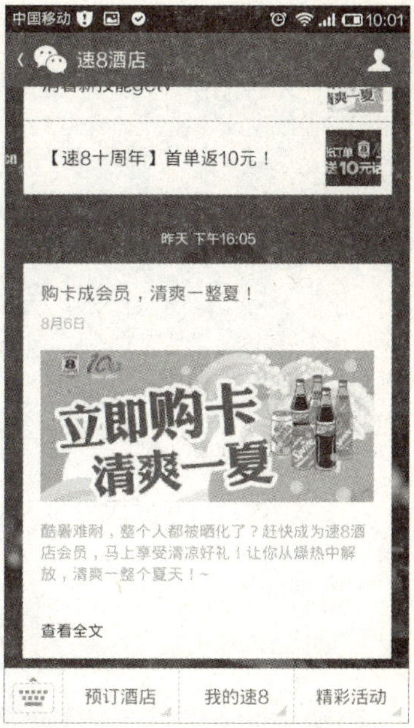

图6–14　速8酒店官方微信界面

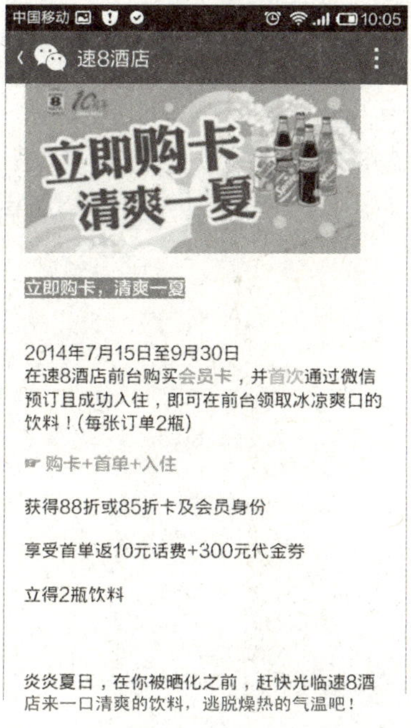

图6–15　速8酒店官方微信“成为VIP+微信预订”活动详情界面

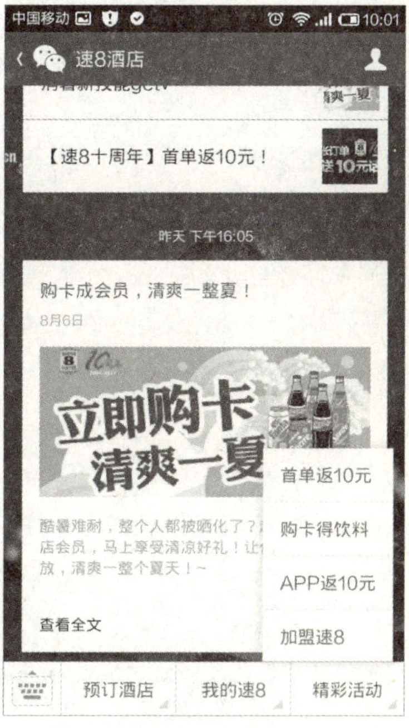

图6–16　速8酒店官方微信“精彩活动”菜单栏界面

图6-17　速8酒店官方网站“成为VIP+微信预订”活动二维码

让更多客户看到二维码

随着生活水平的提高，越来越多的人选择在假期或周末的时候出行游玩。许多景区、景点也因此人满为患。旅游高峰期时有些酒店甚至在中午时分房间已经全部被订完。消费者匆匆忙忙在上午或者中午赶到，为的就是能够在第一时间找到酒店并入住。当前台服务员告诉消费者房间已被提前预订时，消费者才恍然大悟。

对于那些不习惯网络订票、购物、订酒店的消费者，前台服务员可以引导消费者参与到网络、移动设备终端的服务中来，告诉消费者，扫码后可以关注企业的微信，在日后旅行或者出差时，可以通过微信来预订酒店。这样出行更有保障，也比直接到店入住享受更多优惠。速8酒店前台就有这样的服务。（图6–18）

图6–18　速8酒店前台二维码

二维码不仅可以提醒未能入住酒店的客人扫，还能让已经成为企业会员、但还没关注企业微信的客户扫码，让客户关注企业信息和优惠活动，为企业带来更多人气和永久客户。

营销金点子

许多酒店把二维码的活动海报放置到酒店后，前台服务员并不提醒消费者扫码，二维码的海报就成了摆设，只有当消费者问起时，前台才会介绍该活动。这样消费者无法感受到企业服务态度，在二维码营销上也是失败的。

第七章

餐饮业：二维码规范餐饮企业经营流程

随着近年来物价上涨、经营成本高涨、宣传效果不理想等问题频繁出现，餐饮行业的内部竞争越来越激烈。中国餐饮业已经进入大洗牌时期，传统营销模式已无法满足消费者的需求。而二维码则成为特殊时期的新宠儿，它可以将传统模式向精细化、规模化、网络化发展，通过消费者扫描二维码推出一些优惠活动，为消费者带来新的情感体验，再借助移动互联网络展开新的营销模式。

麦当劳：互动营销，从线上到线下省时更省力

现代人们生活水平的提高，可以从衣食住行的便捷中得以发现。消费者需要什么只要打开网页，手指轻轻一点，便可以拥有漂亮的衣服、便捷的机票、舒适的床……二维码的出现，让消费者多了另外一种消费方式——手机消费。于是许多企业打起二维码的主意，让二维码成为企业宣传与推广的方式。即使一个企业已经发展得非常成熟时，如何节约成本，也是企业不得不考虑的事情。

如今物价飞快上涨，人们工资也随着社会的发展逐渐提高。在成本的计算上，也是一笔非常大的开支。餐饮企业绞尽脑汁节约成本，减量、换原料、缩小店面……这些不仅破坏餐饮企业的形象，更失去了一直终爱企业菜品的客户。二维码的出现，让餐饮企业找到了节约成本的方法，不仅方便了消费者也为企业赢来了客户。谁能把消费者牢牢“握”在手中，谁就能在社会飞速的发展中，占得一席之地。

扫码订餐，节省成本、方便消费者

炎炎夏日或者寒冷的冬天，由于外界气候导致人们不愿出门，都叫起了外卖。一时间外卖生意大火。餐店的人工分配紧张起来，不仅需要送餐人员，还需要接线专员，登记消费者的菜品选择、地址、电话等信息。送餐人员好不容易将消费者选择的外卖菜品送到消费者手中，这时却发现选择的菜品因登记出错，或接线专员听错，而还需企业重新为消费者送餐。不仅让企业有所损失，同时，消费者也会心情不悦。这时，减少错误与让消费者感受到贴心的服务就显得非常重要了。

1940年，麦当劳创立于美国，是全球大型的跨国连锁餐厅。主要以售卖汉堡包、薯条、炸鸡、冷饮、沙拉等快餐食品。麦当劳业务遍布全球六大洲121个国家，在世界上拥有32 000家分店。截至2013年，麦当劳在中国的

餐厅数量已达到2 000家。2012年麦当劳在《财富》的世界500强排行榜排名第410位。

有着世界级经验的麦当劳不仅利用二维码做宣传推广，更将二维码运用到为企业节省成本上，为消费者带来了更便捷的服务。

在2014年巴西世界杯期间，麦当劳在微博上推出了扫二维码下载手机APP的活动。球迷在半夜看球的时候一定会很饿，这时，怎么办？当然是“吃货球迷+麦麦订餐神奇=世界杯人生赢家”。

无论是凌晨3:00，还是晚上22:00，只要对着二维码扫一扫，下载APP即可以轻松下单。（图7–1）

图7–1　麦当劳官方微博二维码

无论是深夜观看世界杯的消费者，或者午餐上班族，只要想要享受麦当劳的手机订餐服务，都可以拿出手机扫一扫微博海报上的二维码，既可以下载APP客户端。（图7–2）

消费者可以根据自己的手机机型选择下载。下载完成即可进入麦当劳APP主界面。（图7–3）

图7–2　麦当劳客户端下载界面

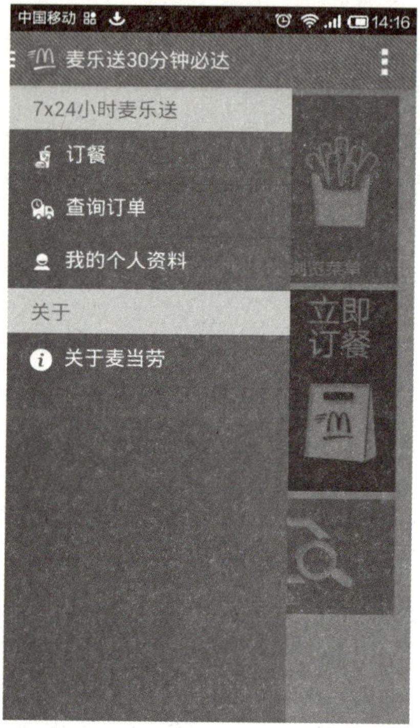

图7–3　麦当劳APP客户端主界面

消费者点击“订餐”菜单就可以进入选择送餐地址填写的界面，这时填写上自己所在的位置就可以订餐了。为了让消费者更方便，麦当劳还有“立即订餐”和“预约订餐”两种选择。（图7–4）

如果消费者选择“预约订餐”则会进入到填写日期与时间的界面，消费者填写好资料后，就可以坐等送餐人员上门送餐了。（图7–5）

麦当劳推出的扫码订餐，不仅避免了接线专员记录错误和消费者口音等问题而导致送错餐品，还为企业省去了不必要的人工费。餐饮行业大部分以到店消费的消费者为主业务，这样的APP不仅方便了消费者，还为企业带来了更多客户。而提前预订，让企业有所准备的同时，也方便消费者订餐。

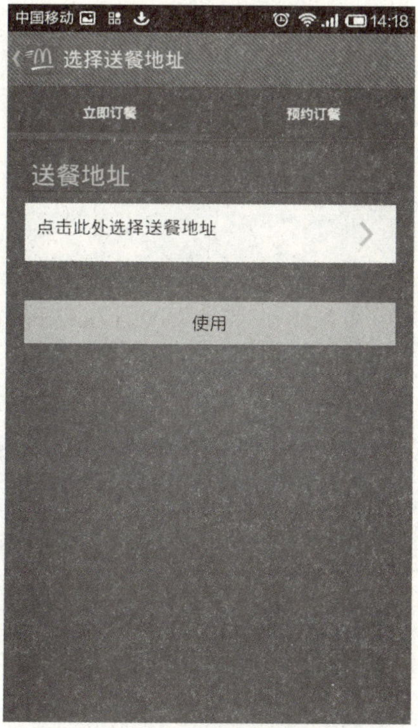

图7-4　麦当劳订餐填写地址界面

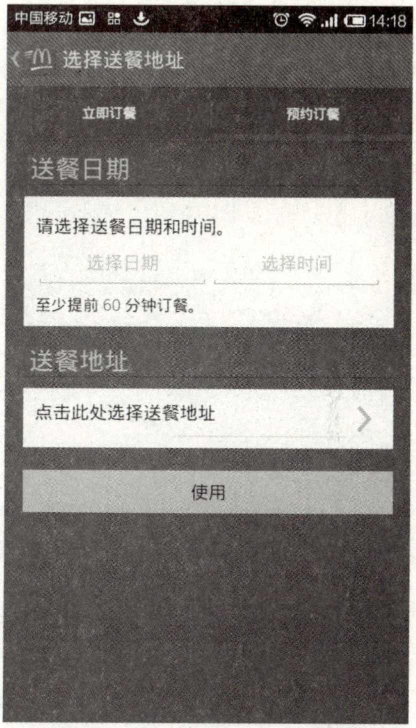

图7-5　麦当劳预约订餐界面

企业招聘，扫码投简历

任何一家企业都离不开员工，可无论企业为员工提供多好的工作环境与薪酬，总有不适合工作的人员会离开，同时又有新的员工加入进来。员工的流动，让企业为此专门设立了人力资源部门。一张张面试单，一封封辞职报告，都让HR头疼不已。如何从面试单中寻找适合企业的员工是每个企业慎之又慎的选择；如何让适合企业的员工留下来，又是企业必须要做的功课。

麦当劳作为大型企业，员工流动性大在所难免。如何招聘到合适的员工，麦当劳为此也绞尽脑汁。为此，麦当劳经常宣传，博取更多适合企业并喜欢麦当劳企业的人的关注。

例如，麦当劳在520全国招聘周时，发布了可预约报名或者直接提交简历的二维码。（如7-6）这张贴有二维码的招聘信息，如果粉丝转发，就可以得到20元的麦当劳餐券。这时，想要申请工作的粉丝，看到了招聘信息，就会扫一扫企业的二维码，添加企业的官方微信。

想要应聘的应聘者，在扫码后加入官方微信，这时想要投递简历，可以直接在微信的主界面找到“加入团队”，点击便会弹出“职位申请”。（图7–7）

图7–6　麦当劳官方微博招聘二维码

图7–7　麦当劳微信主页面

点击进入后，便可以选择想要申请的职位，这时，只需摇一摇，便可以摇出最近的5家麦当劳餐厅以供选择。（图7–8）

当应聘者申请好职位后，自然会想了解更多的企业信息。点开企业的微信，各条关于招聘员工的消息便会逐一映入应聘者眼帘。（图7–9）

关于企业员工的成长，不仅让员工觉得受到了企业的重视，更让应聘者可以了解自己是否适合企业。减少员工流动，减少HR工作量，同时也为企业节省成本。

图7-8　麦当劳官方微信职位申请摇一摇界面

图7-9　麦当劳官方微信消息主页

营销金点子

想通过二维码在微博上做宣传推广，就需要粉丝达到一定数量，才会有营销效果，同时，还要增加微信与海报的投放量，扩大渠道，才可以让营销更成功。

呷哺呷哺：为消费者提供扫码诱因

网络的发展，让家居饮食越来越便捷。当人们想吃某样菜时，可以通过网络查找某样菜品的做法，这样不仅速度快，还可以体验到做美食的乐趣。

随着微博、微信的热门，饭前拍照也成了达人们在吃饭前必做的事。无论去饭店还是在家亲自操刀，都会及时拍成照片分享到微博与朋友圈。特别随着纪录片《舌尖上的中国》的大火，更是引发全世界的人们关注中国美食的热潮，中国的消费者对美食的追求也越来越高。

当生活变得越来越便捷时，人们也会变得越来越懒。外卖成为人们生活中不可或缺的一部分，人们足不出户，就可以享受到各种各样的美食。这样的消费方式，也为许多还未开通外卖的企业带来了压力。让人们走出家门到店消费，一直是企业努力的方向。二维码营销，逼迫宅男宅女走出家门，引诱到店消费，了解外面美食的精彩。

打发等待时间，扫码答题互动

对于消费者而言，没有什么比走进餐厅，享受一顿美食更重要的了。当顾客坐到就餐位置后，等待上菜就成了最无聊的事。海底捞为了打发顾客等待的时间，特地为消费者提供免费擦鞋、美甲、吃零食水果等服务，这不仅让顾客觉得有乐趣，同时，也为海底捞留住了那些可能因等不及而流失的客户，从而为企业创造了更多的营业额。短短的等待时间，也为企业留住顾客和做好宣传推广争取到时间。

呷哺呷哺餐饮管理有限公司创立于1998年，是一家外商投资、国内首创、最大规模的吧台式涮锅连锁企业。作为全国首创的吧台式涮锅企业，呷哺呷哺以新颖独特的就餐形式走出了一条属于自己的中式快餐之路。呷哺呷哺让每位顾客在享受美食的同时，感受时尚、惬意的就餐氛围。

在河北石家庄，走进呷哺呷哺的任何一家店，在吧台和桌子上都可以看到呷哺推出的新品——豆竹。这时，服务员介绍到餐厅的新品时，顾客会在海报上看到扫码答题的活动。（图7–10）消费者在点完餐后，可以边等待边扫码参与答题。

这虽然只是一个答题抽奖得五元餐券的活动，但足可以让顾客等待中的吸引消费者扫码试一试。当消费者扫码关注企业微信后，可以立即接收到企业更多的优惠活动。（图7–11）这对于喜欢呷哺呷哺的顾客来说是一种福利，他们就会一直关注企业的优惠信息了。

图7-10　呷哺呷哺答题海报

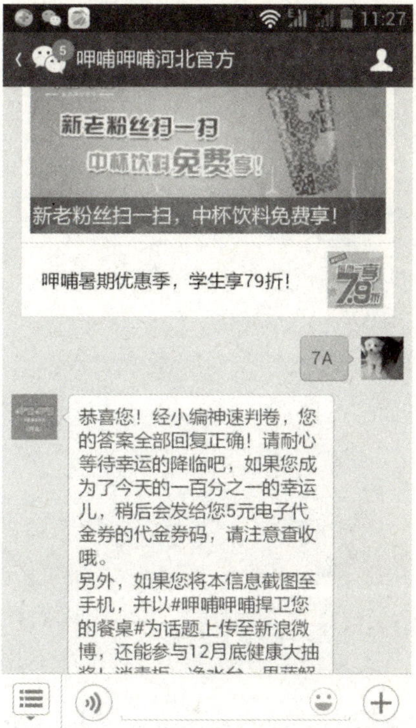

图7-11　呷哺呷哺官方微信

不仅如此，呷哺呷哺还会不时地推出一些活动。例如当消费者看到“新老粉丝扫一扫，中杯饮料免费享！”的活动时，就会被吸引。这时，消费者点开看详细信息时，会提醒消费者到店扫码，便可以享用。无论何时，呷哺呷哺一直把想办法把消费者引进店内消费，作为企业的最终目标。

扫码得放松，免费看电影

在就餐高峰期，走进任意一家呷哺呷哺的店，都会看到店门前排着长长的队。不仅因为呷哺呷哺的吧台式火锅形式，还因为它的卫生、方便、价格。与朋友聚餐不会丢面子，一个人到店消费也不会让其承受不起。无论呷哺呷哺推出什么样的优惠活动，都会吸引消费者。即使呷哺呷哺的消费已经很便宜，但呷哺呷哺依然优惠不断，活动不停。

都市白领承受工作和生活的双重压力，周末如何放松就成了消费者首要考虑的问题。看电影是放松身心的一种方式。尤其看一场恐怖电影从一种紧张状态放松下来，就会缓解整个星期的疲劳。所以《笔仙》等续集一拍再拍，可见观众对这类影视喜爱程度。

天津呷哺呷哺正是敏锐地捕捉到这一商机，与国内最火的恐怖电影合作。这对于喜欢《笔仙》的年轻人而言，呷哺呷哺的“看免费电影，在呷哺呷哺”的活动就非常有吸引力了。这时无论是消费者还是喜欢《笔仙》的观众，都会拿出手机，扫一扫海报上的二维码，可以省去几十元观看电影的费用。（图7–12）

消费者与观众想要参与进来，扫完码后，可以进入天津呷哺呷哺的官方微信，按照海报上的要求回复“吃呷哺，看笔仙”，就可以参与抽奖活动了。（图7 –13）

图7–12 呷哺呷哺官方微博扫码看电影的海报

图7–13 呷哺呷哺天津官方微信

无论消费者或观众是否抽到电影票，都会在官方微信的主页看到呷哺呷哺的优惠信息。当消费者在微信里了解到每个月都会推出优惠信息时，就会期待下个月的活动。这样，不仅为呷哺呷哺赢得了喜欢电影的客户，也让更多的人关注起企业的微信。

营销金点子

二维码不能单独以图案存在，只能靠增值服务来吸引消费者。想要让消费者扫二维码，就需要引导顾客认识企业的产品，明确扫码动力，甚至直接告诉消费者：扫我，有好处！不能把二维码的文案做得模棱两可，让消费者质疑二维码的作用。

渝乡辣婆婆：让消费者走进二维码的世界

二维码横空出世，一夜间，各大快餐店、餐厅都贴出了自己的二维码。当消费者看到二维码就想扫一扫时，黑客出现了！他们利用消费者喜欢扫码的心理，通过二维码木马盗取消费者已绑定在手机里的银行卡号、个人信息等。黑客的出现，让那些喜欢二维码，并想扫码的消费者不得不留心。

企业官方网站、微博、微信都贴出了二维码。消费者因无法得知是否有黑客存在时不敢扫码，从而减少了消费者扫码的动力。这不仅无法让消费者感受到企业的优惠与服务，更给企业带来了损失。在企业推出二维码时，为了避免消费者担心，也需告诉消费者这是官方二维码，扫它没错。

让消费者时时感受到二维码的存在

在数字时代，消费者没有扫过码就很out了；而对于企业而言，还未使用二维码做宣传与推广也很落伍了。许多企业推出二维码时，并没有经营二维码。在街上、餐厅、快餐店……都会见到很多二维码，但消费者却从未感觉到二维码的存在。比如，一家日化店的二维码做成如下这样：（图7–14）

当消费者看到这样的海报时，几乎无视二维码的存在。即使消费者看到了二维码想要扫，也会因为二维码张贴的位置，而给消费者带来不便。

河北渝乡辣婆婆餐饮管理有限公司，创办于2001年8月。前身是辣婆婆水煮鱼，以餐饮服务为主导产业的全国连锁餐饮企业。目前渝乡辣婆婆在全国拥有40多家连锁分店。公司秉承“食在中国，味在四川”“一菜一格，百菜百味”的传统，以水煮鱼这道巴蜀名菜为主题，推出了百余种精品川菜和几十种名小吃。

图7-14　某日化店的二维码

走进北京万丰路的渝乡辣婆婆店，迎面而来的是笑容可掬的服务员。如果此时是用餐高峰期，服务员会建议消费者去楼上就餐。在电梯口可以看到二维码海报，占据醒目位置。这样大的二维码让消费者看不到都难。（图7–15）

顾客如果这时没有理会海报上的二维码，一定也会看到电梯上的二维码。（图7–16）

消费者来到楼上，在就餐区坐下来后，会看到渝乡辣婆婆早就摆好的餐具，打开餐具时，还会看到餐具上的二维码。（图7–17）

如果来就餐的顾客是宴请或者陪客户，为了礼貌，也未必会扫码。店

图7–15　渝乡辣婆婆海报

图7–16　渝乡辣婆婆海电梯上的二维码

家不会放过任何一个机会。顾客在等待上菜的时间，热心的服务员会走过来告诉消费者，扫描二维码可以免费获得渝乡辣婆婆的辣酱和抽纸。（图7–18）

图7–17　渝乡辣婆婆餐具上的二维码

图7–18　渝乡辣婆婆餐桌上的二维码

通过服务员的讲解，消费者会忍不住诱惑，对着桌子上的二维码扫一扫。扫描二维码后，辣酱、抽纸、餐巾会立即送到消费者的手中。

在充满二维码的世界中，企业总能找到机会让顾客扫描二维码。而消费者等待上菜的时间，服务员也正是推销二维码的好时间。不过，让消费者扫码时，注意要有礼貌，同时，还需注意讲解二维码好处时的趣味性。

扫码团购，一拖多，更多人享受到企业服务

二维码在应用上最早的解决方案是从餐饮业开始的。尤其是团购网站，更是激发了顾客网上订单的欲望，形成了餐饮行业订单高潮。在餐饮业，团购的好处是：某位顾客喜欢的企业，通过团购可以带动身边朋友一起来用餐，通过顾客对朋友的推荐，也为企业增加了新客户。

教师节来临时，石家庄渝乡辣婆婆推出了“谢师大团购只要99”的活

动。只要在教师节期间消费，花99元，便可以享受114元的三人套餐。并且凭教师资格证还可以得到渝乡辣婆婆送出的果盘一份。

如果想在教师节时感恩谢师，就可以通过扫码来进行团购。（图7-19）

扫描二维码后，加入石家庄渝乡辣婆婆官方微信，在微信平台上可以看到活动的详细详情。（图7-20）

图7-19　微信管理平台渝乡辣婆婆二维码

活动参与方式是：在微信对话框内输入“团”字，并将该活动分享到朋

图7-20　石家庄渝乡辣婆婆官方微信“谢师大团购只要99”活动主页面

友圈即可成功团购。在活动时间内，到店消费时出示微信截图，便可以享受到优惠。

团购可以为企业带来新的客户。通过分享朋友圈，还能带动朋友圈内的人，即使朋友圈内的人没有参与到活动中，也很好地为企业做了推广，提升了企业的知名度。

营销金点子

在餐饮行业，许多企业已经开始使用电子设备下单了。不过依旧需要服务员将菜单传递给后厨。当顾客较多时，人手不够，忙不过来，顾客就会抱怨上菜慢等。此时，企业可以使用二维码自助点单服务，菜单点完后，通过消费者的手机直接传达到后厨。这样既能省去服务员中间传送的麻烦，又能让消费者自己选择下单，给顾客更多的自由。

第八章

旅游业：二维码，指尖旅游先行一步

随着科技的发展和人们生活水平的提高，旅游业也逐步通过二维码技术展开了新局面。手机二维码不仅可以开展电子票务，还实现了导游管理，从游客的衣食住行到景点电子化解说，无一不包括在内。二维码的出现，革命性地改变了旅游业的整体格局和面貌，同时，也为企业带来了新的营销模式，一个小小的二维码真的能够分工如此精细吗？让我们来用放大镜好好考察一番。

去哪儿网：扫一扫码，说走就走

对于喜欢旅行的人来说，交通、景区、酒店都是游客需慎重考虑的方面。这不仅关系整个旅行的质量，更关系到游客整个旅行的费用。随着移动互联网的发展，游客订车票、团购酒店、查询景点和天气等都可以完全在网上搞定。

尽管网络神通广大，但要花精神去搜索也是非常麻烦。游客要一一点开各大网站，登录注册。旅行的路上，电脑也不是时时都能用上，依然无法为游客提供方便。二维码的出现，把旅游这些麻烦事集合到了一起，游客走到那里，只要携带一部手机，就可以把一切麻烦通通搞定。

二维码，整个旅行的贴身小助手

假期来临，最热门的便是旅游业。随着新型科技的出现，旅游业也变得越来越智能轻松。特别是二维码的出现，更让旅行变得越来越有趣。在中国很多景点都开设了扫码获景点自动讲解电子导游，不仅为游客省去了请导游的费用，还让游客感受到科技发展新体验。对于旅游企业而言，自然不甘落后。利用二维码，不仅为旅游企业赢来了客户，还让游客感受到了企业所带来的便利。

去哪儿网，上线于2005年5月，公司总部位于北京，是全球最大的中文旅行网站。去哪儿网为旅游者提供国内外机票、酒店、度假和签证服务，是中国领先的在线旅游媒体之一。它致力于帮助中国的旅游者做出更好的旅行参考与选择。去哪儿网凭借便捷、先进的智能搜索技术，对互联网上的旅行信息进行整合，为旅游者提供实时、可靠、全面的旅游产品的查询和信息对比服务。在2011年3月，去哪儿网的浏览达到5 106万人次，日均覆盖达104万人次。

打开去哪儿网官网，可以看到各种旅行攻略、特色美食、优惠活动等信息。网友这时被信息吸引时，点开网页，会看到滚动的二维码，在二维码的上方标有“七夕秒杀”“震撼低价”“超值买赠”等活动。网友想全部打包这些优惠活动，看到这个二维码，就会被打包的服务所吸引。（图8-1）

网友扫码后，可以下载并安装去哪儿网手机APP客户端，完成后进入客户端的主界面，就可以看到各种信息的分类。（图8-2）

图8-1　去哪儿网二维码

图8-2　去哪儿网客户端主界面

当网友想要出行时，就可以通过去哪儿网的客户端来订车票、机票、酒店、景点门票。点击“旅行时景”还可以查询天气。同时，去哪儿网还有接送机服务，即使机场再远，也不用担心了。无论游客走到哪里，只要在有网络的地方，去哪儿网APP客户端就像游客的贴身管家，只要点击进入APP页面，它就会一呼百应。

扫二维码，享受“赔计划”

随着在线旅游的发展和电子客票的普遍推行，人们很少去传统门店、营业点订购机票。方便快捷的在线预订，可以在几分钟内轻松完成。然而，在线机票预订存在着一定的风险。黑代理、无资质代理、山寨网站、钓鱼网站……这些虚假的网站也动摇着消费者对网站的信赖，让消费者内心非常不安。

2010年12月，去哪儿网为了更好地监管平台上的机票代理商，免去消费者对在线旅游的担忧，在业内推出了在线旅游理赔方案“赔计划”。“赔计划”是去哪儿网推出的“担保通”第三方支付平台。不仅为消费者提供了放心舒服的购票平台，同时也制约着不良票商的违法行为。它会等待去哪儿网确认平台出票后，将消费者的钱付款给售票网站。如果消费者在去哪儿网上预订机票时遭遇支付后供应商不出票、提供假机票、加价出票等行为而导致不能出行时，去哪儿网为消费者提供全额赔付。

无论消费者使用网络订票还是手机订票，都可以享受“赔计划”服务。消费者想要的无非是更方便快捷的服务，在使用手机订票时，可以扫一扫去哪儿网的二维码（图8–3），下载去哪儿网客户端，然后无论走到哪里，都可以随时订票。

消费者只要对着二维码扫一扫，就可以下载去哪儿网的APP客户端，下载完成后，找到“机票”菜单，就可以选择想要出行的机票了。（图8–4）

点击“机票”后，就会自动弹出“赔计划”的简介。点击进入想到达

图8–3 去哪儿网官方网站主页的二维码

的城市，选择适合自己票价的网站，填写资料就可以提交订单了。提交订单时，可以看到页面上的“赔计划”一直在监管着网站售票平台。（图8-5）

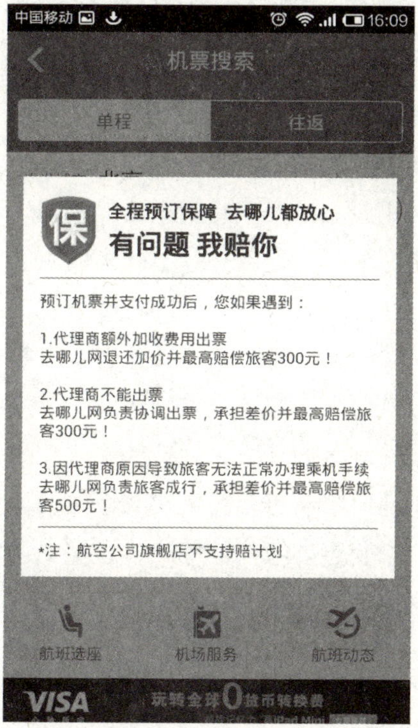

图8-4 去哪儿网客户端订机票界面

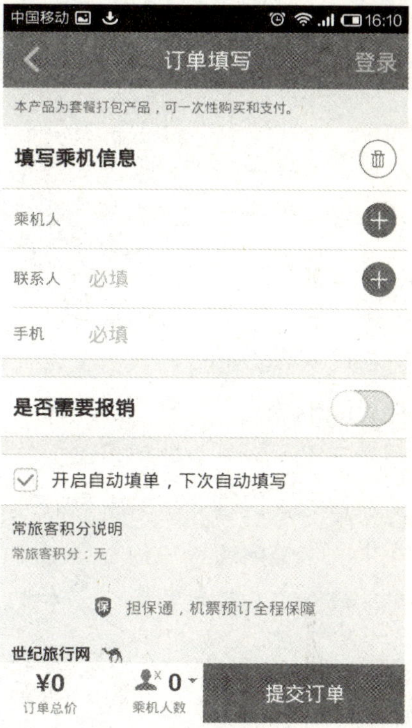

图8-5 去哪儿网订机票填写资料界面，显示出的担保通服务

在为消费者提供便捷的同时，也为消费者提供了一份保障，企业自然受到旅行者的欢迎。无论他们想出行或者查找当地信息，去哪儿网APP提供的功能一应俱全，是旅行者手机不可或缺的实用软件。

营销金点子

二维码营销中，旅游业也可以开发自己的电子导游。在每个景点都设置一个二维码。消费者在了解想去的景点时，也可以先听一下景点的细节。不仅可以吸引消费者去景点游玩，还可以让他们在旅行时，使用电子导游引导路线。企业只有提供多元化的服务，才可以吸引更多的用户。

携程旅行网：扫码享“穷旅”，身未动，心已远

随着生活节奏的加快，许多上班族成了工作狂。网上不断报道年轻人猝死、重度抑郁症、自杀……这些新闻，让许多年轻人感到生命的脆弱，与其为明天努力，不如好好把握今日，这是当下八九零后一些年轻人的生活态度。不少热爱生活、崇尚自由的人们，纷纷拿起旅行包，做起了背包客。

与此同时，背包客写书也逐渐流行起来，越来越多关于背包客的书籍一直稳居热销榜，如《我就是想停下来，看看这个世界》《背包十年》《最好的时光在路上》……如何用最少的钱，游玩最多的地方，便成为许多想要加入背包客的人们想要从书中寻找的答案。如何吸引更多的人加入到旅游的队伍中来，也是电商寻找的答案。让游客在享受完善服务的同时，也能为游客带来一场真正有意思的旅行，才能让他们一直把电商的APP留在手机中。

扫码抢票，省钱进行到底

当越来越多的人加入到背包客的行列中时，网上的旅游业成了热门行业。各大论坛针对旅游途中如何省钱的帖子，成了热门的分享贴。从“83元从成都到拉萨”“600元玩转港澳”到“一万元穷游欧洲六国七城”“搭车去柏林不花一分交通费”……这些标题吸引游客和喜爱旅行者的眼球。当一些网站名字出现在热门帖子上，成为省钱的代名词时，许多企业也想在旅游业占一席之地，成为游客的省钱工具。

携程旅行网，创立于1999年，是中国领先的在线票务服务公司，总部设立在上海，每月酒店预订量达到50余万间。携程旅行网已在北京、广州、深圳等12个城市设立分公司。携程旅行网除了自身网站上提供丰富的旅游资讯外，还衍生一些与企业相关的旅游出版物，例如委托出版了旅游丛书《携程走中国》、旅游月刊杂志《携程自由行》等。携程旅行网凭借稳定的业务发展和优秀的盈利能力，于2003年12月在美国纳斯达克成功上市。

携程网借助在网上票务上的优势，推出“1分长途车票，1角火车票，1元机票”活动。这对于旅游爱好者而言，是非常吸引人的活动。为了赢得手机客户端市场，携程在活动流程面页特别注明“本次活动仅限下载携程APP首次注册并且订单成功出票的汽车票、火车票或机票用户”，对于想要穷游的游客而言，扫码下载APP享受低价车票是一个难得的机会，自然不会拒绝这样的活动。（图8-6）

图8-6 携程网“1分长途车票，1角火车票，1元机票”活动

在扫码抢票的活动上，携程网不仅运用在车票、机票上，还用在了门票上。这样的活动，不仅可以吸引旅游爱好者，还可以吸引本地的消费者。抢购一张自己所在城市低价门票，游玩一番，也是非常值得的。（图8-7）

图8-7 携程网1元抢门票活动

携程网为了让消费者更省钱，还推出了“下载手机客户端，1元游中国”的活动。（图8-8）对于搜罗各大网站的优惠活动的背包客而言，这个活动绝对有吸引力。

图8-8　携程网下载客户端1元游中国活动

对于背包客而言，低价，永远是无法拒绝的诱惑。当消费者下载携程网APP客户端后，不仅可以享受低价服务，还可以了解更多的订票、租车、住酒店等优惠活动，让消费者无论走到哪里，都可以利用活动穷游到底。

扫码办签证，服务不要钱

很多人都有年假或者长假，喜欢出国旅行。在出国旅行时，最麻烦的莫过于办理签证，不仅每去一个国家就要办理当地的签证，每办理一次，还需要相应的费用。这对于有经济实力的人来说，或许不算什么；但对于穷游的人来说也是一笔不小的开支。

携程网在2014年7月份旅行高峰期时，曾推出了“全场签证0元，我家服务不要钱”的活动。消费者想要享受0元办理签证的服务，只需要按照活动页面提示的步骤扫一扫二维码，下载手机客户端，就可以享受这个服务。（图8-9）

消费者按照步骤下载好客户端后，可以在手机的活动界面看到此服务。（图8-10）

点击“0元签证服务费”后，便可以跳转到活动的页面。（图8-11）

图8-9　携程网网站签证页面"全场签证0元，我家服务不要钱"活动二维码

图8-10　携程网APP活动界面

进入活动主界面后，点击“立抢签证0元”便可以进入填写界面。（图8–12）

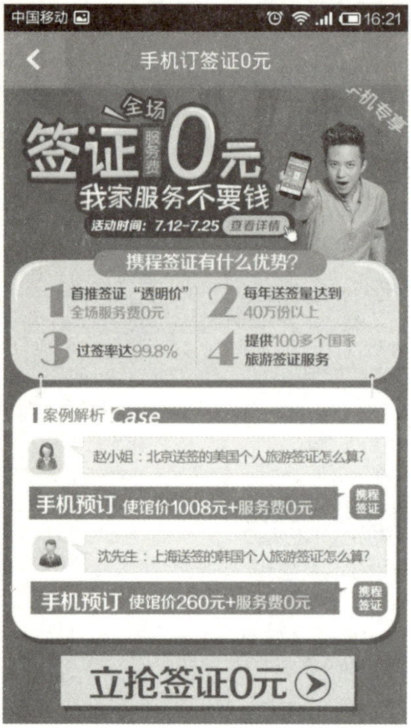

图8–11　携程网APP“全场签证0元，我家服务不要钱”主界面

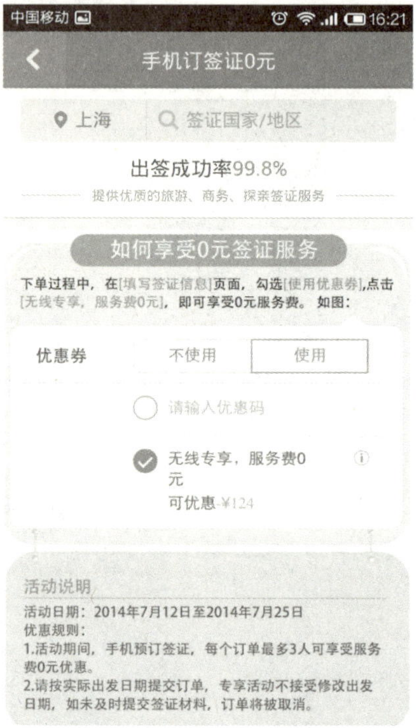

图8–12　携程网APP“全场签证0元，我家服务不要钱”填写资料界面

这时，按照提示，在填写签证信息时，勾选使用优惠券，就可以享受0元服务费，办理签证。

携程网的优惠活动总是能兑现，这让携程网APP成为许多背包客、旅游爱好者必备的旅行神器，让消费者时时能关注到企业动态。

营销金点子

许多企业认为，让消费者扫码，就是为了使他们下载APP客户端，关注本企业的优惠活动，其实这种理解还不够深入。无论哪种优惠活动，都需要对客户数据进行充分的调查分析之后，才能最终开展。企业做活动时，应熟悉消费者的心理特点，顺应消费者的心理，这样营销必能事半功倍地宣传自己的品牌，达到扩大影响力的目的。

第九章

房地产业：房地产的微营销时代到来

2013年国家颁布限购令调控楼市，意味着开发商“坐等收钱”的好日子一去不复返。地产商不再铆足劲拿地，而是要费尽心机做宣传。在宣传的各种途径中，地产商们对二维码青睐有加。有些企业通过创意达到提高知名度的目的；有些房地产中介商为买房者提供良好的服务，改变他们获取房源有限的状态；有些开发商则使用二维码，让消费者坐在家里即可交水电费、物业费……这一切，只需一个小小的二维码便可做到。

越秀地产：让二维码充满诱惑力

在互联网和智能手机高速发展的时代，企业也将原来的强性营销，转为互动营销。这样可以让消费者在不知不觉中感受到企业业务及文化，并在互动中让消费者成为企业的客户。随着社会经验的丰富，消费者对各种各样的推销活动有所警觉，增强了防范受骗意识。

时代的发展要求办事效率提高，人们也更加讲究省时高效；而这些快速、简单、便捷的服务也应运而生。二维码的出现为消费者省去不少麻烦。企业运用二维码做营销和推广，正是顺应这一心理。无论企业是想要迎合还是引领时代潮流，总是要有新鲜和吸引人的方法。创意是永远不变的话题，如何玩转创意让营销充满诱惑力，也是企业必须掌握的要领。

户外巨型二维码，让消费者不得不注意

消费者无论在网上、街上、公交车都可以看到二维码。不过，如果仔细观察便会发现，地铁上来去匆匆忙碌的人们并没有在这些二维码广告前驻足；坐公交车时，也可以看到人们依然低头玩着手机，并没有看公交车上的广告信息；消费者回到家中，如果不注意包装纸袋上的二维码，就会被扔到垃圾筒……企业在做二维码营销与推广时，不能简单地把二维码印到海报上就大功告成，等消费者需要查询信息再去寻找，而是应该有目的地让消费者去扫码，并印象深刻地记住。

越秀集团，1985年成立于香港，目前广州市资产规模最大的国有企业集团之一，旗下拥有地产、交通、基建、金融等现代服务业和造纸、建材等传统制造业。1992年越秀地产在香港联交所上市（HK00123），是摩根士丹利资本国际中国指数股。2009—2011年间，越秀地产连续三年被评为“香港杰出内房股”，并在2011年荣获“中国杰出房地产商”、“香港杰出上市企业大奖”等奖项。

越秀地产在2011年进入武汉市场后，开启武汉璀璨的国际维港生活。为了在武汉地产中占有一席之地，武汉越秀地产在湖北武汉汉口多处户外牌上放置了巨形二维码，并在二维码下面写着“拍二维码 推汉口 转亲友 赢10万现金”的广告词。这个巨大而别具特色的二维码，马上引起了市民的注意，他们纷纷拿出手机扫描了二维码，仅10分钟时间，至少有20位路人对这个巨大的二维码进行了扫描。（图9–1）

图9–1 越秀地产“拍二维码 推汉口 转亲友 赢10万现金”活动二维码

事实上，人们总是对体积庞大的事物感兴趣。无论什么东西，放大后放到消费者面前，就能够引起人们的注意，比如小黄鸭放大后，就引来无数游客参观并成为流行品。二维码也是一样的。当它大起来，变成了吸引路人的标志。武汉越秀地产的巨形二维码不仅能够成为消费者难忘的一次扫码经历，也能够引起媒体的注意，成为互联网营销课上的经典案例。

扫码等待明天事

明天会发生什么？没人能够预知。但人们总对未知的明天充满好奇。在企业的营销活动中，企业可以充分利用人们对未来的好奇心来做推广，好的营销方案不仅能够让消费者产生浓厚兴趣，还能让消费者持续关注该企业的动态。

图9-2 越秀地产官方微博加微信关注二维码

越秀地产在二维码的营销上再一次运用了二维码。2013年7月9日，越秀在微信上发出了一条“明天，广州有大事发生”的帖子，并告诉各位微友，此消息与他们有关，并且是好事。如果大家愿意参与进来，那将是巨大的惊喜。这个活动引起微信好友的好奇，他们纷纷对第二天将要发生的事进行了揣测，并转发微信，同好友一起参与到竞猜中来。

这样，一次竞猜就带动更多的人想要加入越秀地产的微信，见证第二天的“大事”。广州网民纷纷拿出手机扫越秀地产的二维码，参与到活动中来。（图9–2）

消费者扫码加关注后，会看到越秀发出的帖子。（图9–3）

微友只能耐心地等候第二天越秀地产公布的“好消息”。经过一夜酝酿，越秀地产终于公布了好消息。（图9–4）

当微友第二天醒来后，看到的是越秀地产推出的优惠活动“12城25盘亿元感恩回馈活动”，为微友送了一份厚厚的大礼包。而这只是开始。越秀在第二天，又推出了另外一个活动。（图9–5）

图9–3 越秀地产官方微信发出的“明天广州有大事发生！”的帖子界面

加入越秀地产的官方微信后，会看到一直有优惠和好玩的活动吸引着微友。不仅有优惠活动，还有互动活动，同时，还有其他为微友带来悬念的神秘活动。

图9-4 越秀地产官方微信“明天 广州有大事发生！”活动揭晓界面

图9-5 越秀地产官方微信“最广州——老照片竞猜活动”界面

营销金点子

在二维码的推广创意上，地产商或许可以尝试将展厅用模型做成一个巨大的二维码，让前来咨询客户通过扫码来查看企业的规划。这种方式可以以3D效果让消费者仿佛身临其境。

全房网：二维码，获取房源信息途径的变革式营销

几年前，网站和传统媒体占据了广告信息半壁江山，但随着智能移动终端的快速发展和普及，移动互联网进入了人们的生活。移动手机应用的发展，让二维码、APP、微信等更丰富和多元化。消费者更喜欢把零散的时间花费在手机上，而大多数消费者更愿意通过手机移动设备来获取信息，利用零散时间来解决生活问题。

在互联网时代，消费者进行房产交易可以通过电脑或者网上经纪人来实现。进入智能数字时代以后，手机交易成为新的发展方向。企业意识到这一点后，也将营销目光放到了消费者的手机上，千方百计提供各种功能，以便购房者通过手机找到房源，最终从中选择出一个暂时或者永久的“避风港”。

扫一扫码，房源信息一掌获得

在传统的互联网时代，许多企业品牌已经在消费者心中树立了一定的声誉。消费者需要购物时，就会去淘宝海淘；需要买书时，就会去当当网或者亚马逊挑选；相似的，找房子也会去网页房产、搜房网等房产网站。这种模式在消费者心中成为一种惯性，想要打破这种惯性，就需要新的营销模式及功能。而二维码的到来，给这些锐意创新的企业新的发展机遇。

全房网是顺驰不动产旗下全国化的专业房产营销服务平台。它为客户提供信息免费发布、房源免费评估、快速搜索等服务，帮助客户实现房产出租与售出的快速交易，并通过真实、有效的房源信息和强大的服务功能，获得大量潜在购房客户。目前全房网已在北京、上海、广州、天津、重庆、武汉、成都等一二线城市设立了分支站点。

全房网在房产服务性网站中率先推出了“掌中全房”APP，抢先占有大批手机用户。“掌中全房”是一款基于地理位置，以提供最佳找房体验为目标的手机应用。它不仅可以出租新房还可以出售二手房，所提供的房源信息

也一应俱全，让用户扩大房产来源，体验掌中找房的乐趣。（图9–6）

图9–6　全房网官方网站下载“掌中全房”APP二维码

用户想要体验手机找房的便捷服务，可以用手机扫一扫二维码，下载手机APP。下载完成，就可以进入到“掌中全房”主界面。（图9–7）

进入主页面后，系统会自动搜索手机所在的位置。如果用户想要在附近找房子就可以搜索附近的房源了；如果需要去别的城区居住，也可以把地图移动到需要的区域位置。选定区域位置后，如果用户对房产有一定的要求，可以点击“筛选”菜单，对附近房源的售价、户型、面积、楼层进行筛选。（图9–8）

用户可以根据自己的需要，在栏里筛选自己需要的房源信息，为消费者提供更方便、快捷的服务。

用户选好需要的房产信息后，可以点击“更多”（图9–9）登录注册进行交易，也可以查看最近浏览信息。在这个全民“摇一摇”的时代，“掌中全房”也提供摇一摇服务。

“掌中全房”下载到用户手机后，可以享受最便捷的找房方式，同时，全房网

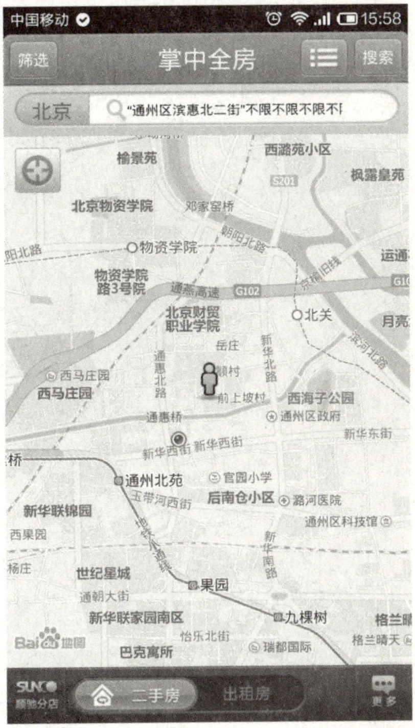

图9–7　全房网“掌中全房”主界面

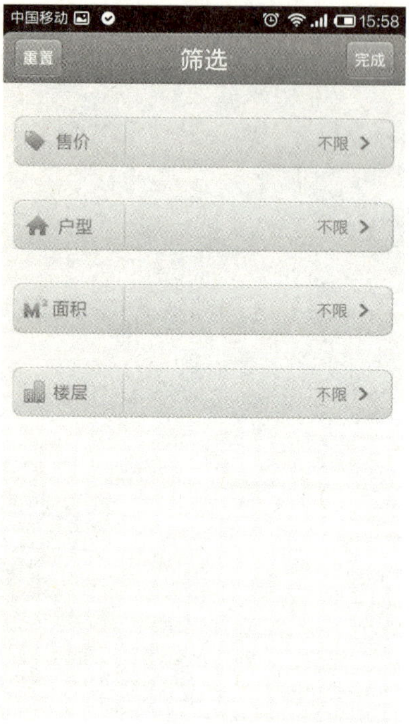

图9-8　全房网“掌中全房”筛选界面

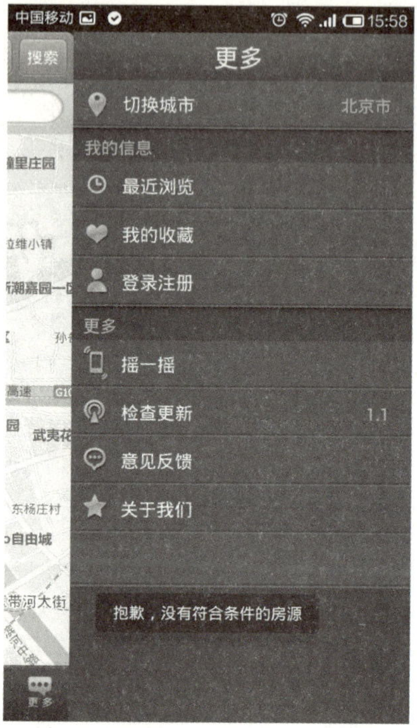

图9-9　全房网“掌中全房”更多界面

还让出部分利润，只要用户安装“掌中全房”并且使用企业APP成功交易，还可以赠送客户一次保洁服务。这样的服务更是让全房网有优势，在客户和用户心中上升到了一个新的等级。

扫一扫，经纪人信息和点评功能双向保障更快捷

用户找到满意的房子后，最怕的就是交易时遇到骗子中介，或者打着某知名企业的名声招摇撞骗。一旦遇上这些骗子，不仅让消费者从此不敢再相信某企业，更让企业失去了客户。

全房网为了保证用户的权益，给每位职业经纪人设置了二维码，用户只需扫一扫，便可以将经纪人的电话存到手机中，同时对经纪人的房源进行评价，让经纪人为消费者提供相应的咨询和解答。（图9-10）

用户在查询房源时，可以看到旁边的经纪人照片，想要联系他们时，可以拿出手机扫一扫上面的二维码，便可以直接保存他们的信息。（图9-11）

这时，消费者可以自由而有保障地询问经纪人房源信息了。这样一个小

图9-10 全房网网站经纪人二维码

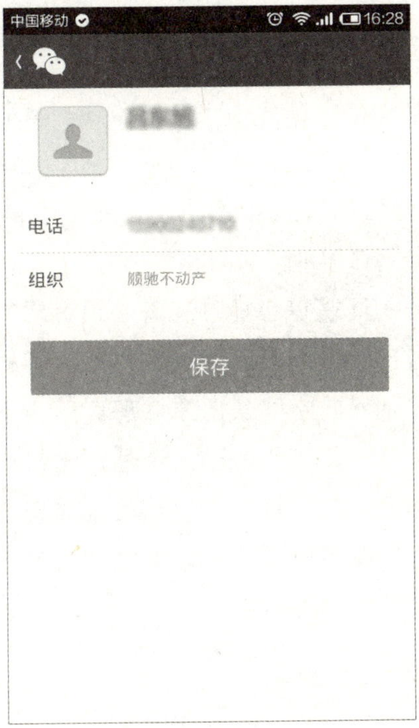

图9-11 全房网官方经纪人扫码后的信息

小的二维码，就可以增加客户的信任度，减少出错率与客户受骗率，让用户放心地在网站和手机上选购正当而适合自己的房源。

营销金点子

二维码为消费者带来购买的新途径和新体验。企业在做二维码营销时，利用原有的产品和服务进行扩展和延伸，可以从三个方面入手：一是让不同的消费者获得相同的体验；二是让因某些因素变化的客户也体验到随之而来的变化；三是让每个客户获得适合自己的体验。

万佳地产：二维码让地产营销本地化

传播媒介的发展推动了营销传播模式的改变。特别是二维码的发展，使消费者的行为方式发生了巨大的改变。消费者从二维码里找到了新鲜刺激、方便快捷、综合服务性强等情感体验，让企业也不得不探索二维码的新功能，开发更方便消费者的二维码。

房子的质量、周围的环境等也是购房者必须考虑的问题。所以，企业在做楼盘推广时，也会打出这些配套设施是如何来完善的广告。这样确实吸引了一批消费者。但许多消费者在购买房产并居住后，不仅发现开发商的宣传是忽悠人的，甚至物业管理都相当差劲，让住户痛苦叫苦不迭。当住户的生活与权益无法得到保障时，就会把怨气发到论坛或者各大网站。这样，不仅破坏开发商的形象，也让购房者望而却步，间接为房产企业带来损失。由此可见，开发商在物业管理的完善也是非常重要的。

二维码，让物业管理更简单

时代步入电子化，让各行各业也行进了电子时代。过去，人们购物需要亲自到店，如今轻轻一点，即可送货上门；从前，消费者网络购票去售票点取票，现在，只需把二维码发送到手机上，走到检票点刷二维码就可以了；从前，消费者只能现场缴纳燃气费、水电费等，现今，扫一扫二维码，手机全部搞定……

万佳房地产，在经历了10年默默无闻的地产开发后来到中国，在地产界版图不断扩大，业务领域也发展到资本投资、物流贸易、资产经营、物业服务、园林绿化等领域，又创新性地成立了贝安迪生物科技公司。今天的万佳，已是七个产业集群。迄今万佳房地产，已开发无国界、上善国际、万千成、橄榄郡等十个大中型优质项目，业态横跨超甲写字楼、大型住宅社区、别墅社区、高端酒店会所等。

在北京通州，隶属于万佳房地产的怡佳家园小区，在物业上就运用了二维码。走进怡佳家园小区，就可以发现单元门上贴有怡佳家园物业的二维码，只要扫码便可以享受物业服务、在线通知、缴费办理和小区指南、便民电话、周边优惠等服务。身为小区的居民，扫小区二维码，为自己的生活带来便捷还是非常有必要的。此时，想要手机缴纳物业费、水电费只需要一秒钟扫一扫码，就可以享受这些服务了。（图9–12）

图9–12　万佳房地产怡佳家园小区单元门上的二维码海报

住户扫码后，可以加入怡佳家园小区官方微信。在进入微信主界面后，就可以看到怡佳家园微信为住户提供的服务。（图9–13）

在主界面我们可以看到“我的物业”“生活助手”“周边生活”等菜单，

这时，如果住户想缴纳物业费，可以点击“我的物业”，进入“缴费助手”菜单，就可以看到缴纳各种费用的菜单了。（图9–14）

图9–13　万佳房地产怡佳家园小区官方微信主界面

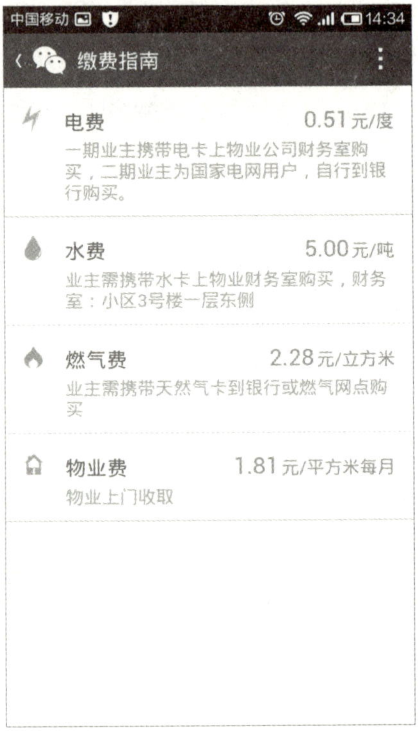

图9–14　万佳房地产怡佳家园小区官方微信“我的物业”菜单界面

微信还为住户开通了“周边生活”服务，方便住户了解小区周围的活动和服务，小吃餐饮、休闲娱乐、婚纱摄影、运动健康随时都可以查询。

万佳房地产利用扫码缴费的业务开通了小区内的社区服务。这种服务可以为企业省去一部分的人工费用，同时，也可以减少出错，让住户体验到方便快捷的同时还能感受到社区服务的先进。当企业好评如潮时，不仅可以带动本市其他楼盘的销量，还可以让异地的消费者在查询企业信息时，更多考虑服务更好的企业。

扫一扫，个人、网站信息全拥有

消费者在想买房时，需要考察多家楼盘，登录各大企业网站，一一记录所查询到的信息和即将要再次去查看的楼盘和网站。面对如此多的信息和要记录的网址、地址也是非常头疼的。企业可以建立一个二维码，让消费者扫便可以把通信信息、网站信息保存到手机里方便用户查询。

万佳房地产总部在湖北，建立了湖北官方网站，消费者只要登录网站便可以看到网页上的二维码，无论消费者点击哪个页面，二维码都会存在。如果消费者看上了网站上的某一套房子可以扫一扫码，把商家保存到通讯录。（图9–15）

图9–15　湖北万佳房地产官方网站二维码

消费者扫码后系统立即跳到保存通讯录界面。（图9–16）

消费者点击“保存”，就可以将湖北万佳房地产保存到手机通讯录当中。为了方便消费者查询，该二维码还附上了网站信息，让消费者“一机在手”，电话、网站一览无余。（图9–17）

无论消费者想要查询什么，一个二维码都能轻松搞定，省去消费者再次找到企业海报或活动页面，照着企业名字和楼盘名字在网站搜索信息的麻烦。

图9-16　湖北万佳房地产官方网站二维码扫码后保存信息界面

图9-17　湖北万佳房地产官方网站主页手机版界面

营销金点子

企业在做本地服务时，可以与社区周边商家或企业合作，将合作的商家和企业的优惠信息通过微信和客户端的方式发送到消费者的手机上，或者与商家联合推出活动，共同运营商品和服务，使得社区及周边居民共享小区资源。

万科地产：二维码成为与消费者互动的方式

无论人们有多忙，微博、微信总能让人们抽出时间上去“逛一逛”。甚至当下年轻人不上微博、微信发条消息，就觉得浑身不自在。是什么原因让人们既然在忙得透不过气来时，还能够抽出几秒的时间也要发一条消息，甚至看一看微博、微信呢？

微博每天都有新鲜的热门话题以及当天的新闻事件。而这些新鲜、刺激、层出不穷的事件，总是能够吸引人们的眼球。事件一发生，几分钟的工夫全世界都会知道。如果人们不能在消息发出的第一时间知道某条事件或新闻，而是通过其他渠道听说而来，就觉得自己跟不上时代了。所以，无论人们有多忙，总会用几分钟的时间看一遍当下的新闻热点，以及朋友圈的动态。而企业做二维码时，也可以做到像微博一样活跃，让消费者参与到新鲜、刺激的互动活动中来。

扫码，找包公升堂

随着论坛、微博、微信的大热，企业也纷纷开通了自己的微博、微信订阅号等，来宣传自己的产品。为了能够吸引更多的消费者关注企业，企业会在官方微博上发表一些心灵鸡汤、生活小常识、名人名言等消息来运营微博，增加企业微博的阅读量。但只做这些是远远不够的，企业也需要建立自己的平台，吸引更多消费者参与到企业的平台中来。

万科企业服务有限公司，成立于1984年5月，总部位于中国深圳，是中国目前最大的专业住宅开发企业，深股市中是蓝筹股。在董事长王石的带领下，万科专注于住宅开发行业，建立起内部完善的制度体系，组建专业化团队，树立专业品牌，以所谓“万科化”的企业文化享誉业内。

合肥万科在微博火红后，建立了“参见包大人，有事升堂，太平变身跳蚤市场”的微社区，为消费者创造一个平台。消费者可以通过本平台发表各种话题和评论。微社区变身包大人，有房产问题可以向合肥万科申冤，没有可以在社区里灌水，发帖子。这样不仅形成良好的互动，成为消费者和客户放松的地方，还可以听到更多关于万科房产的意见和建议。如果消费者想要去微社区玩一玩，也可以扫合肥万科官方微博发布的二维码。（图9–18）

扫码后，可以进入合肥万科微社区，像刷微博一样浏览帖子、信息等热门话题，同时还可以点击“发话题”来参与互动。（图9–19）

图9–18　合肥万科官方微博“参见包大人，有事升堂，太平变身跳蚤市场”的二维码

图9–19　合肥万科“参见包大人，有事升堂，太平变身跳蚤市场”活动扫码后主界面

为了让更多的消费者和客户活跃在社区，点击“…”还可以看到更多的栏目菜单，集合当下流行的点赞、涨姿势等。同时还有“升堂”“衙门告示”菜单。（图9–20）

合肥万科创建的微社区互动平台，为消费者和客户提供“申冤”的同时还可以时时发布微话题，通过这种方式把消费者和客户吸引到自己的平台上

来，让用户像刷微博、微信一样，把握企业动态。

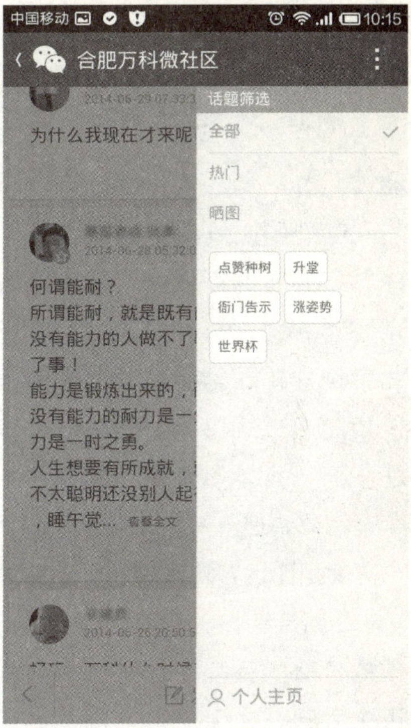

图9-20　合肥万科官方微社区“…”菜单栏目集合界面

扫二维码，和小万神侃

戴军曾说：“我们总是喜欢和心爱的人吵架，跟陌生人说心里话。”一句话切中现实的痛点。仔细分析我们便会发现，当下男女确实更喜欢在网络倾诉，而对我们身边最近的人，却无法开口。而万科正是愿意做网友的“最熟悉的陌生人”。

合肥万科针对当下青年男女的心理，推出了“#一个人无聊，不如和有聊的小万神侃#”的话题。此时，如果网友正有烦心事、工作上不顺心的事、失恋、寂寞……都可以找小万倾诉。（图9–21）

如果网友此时想找个人倾诉或者“调侃”小万，都可以扫合肥万科的二维码，加入合肥万科的官方微信，找他聊天。（图9–22）

网友扫码关注企业微信后，每周六13：00，可以准时找小万聊天。这样的扫码活动，不仅让网友感觉不到广告的存在，更让网友觉得这是万科的亲民互动。如果网友想在日后依然与小万聊天，就会一直关注企业微信及其

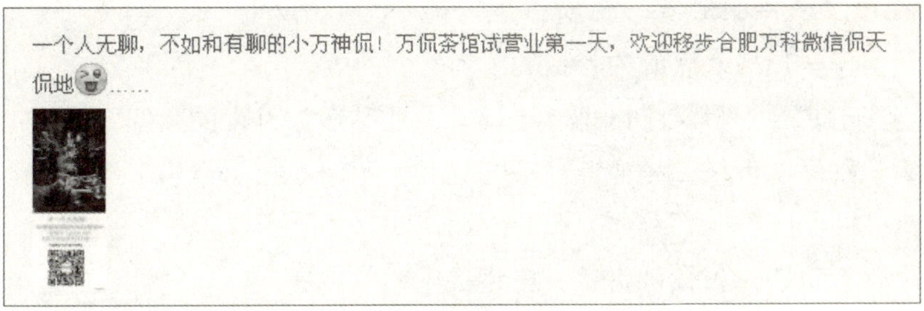

图9–21　合肥万科官方微博“#一个人无聊，不如和有聊的小万神侃#”话题微博

推出的各种活动。

制造特殊二维码，让消费者惊奇

巨型的二维码永远都是吸引人的。在各行各业的经典推广案例中，无论使用哪种方式，总有将“大”发挥到极致的案例。在二维码的推广中，也有企业使用超大二维码吸引消费者从而获得成功。而万科自然也不会放过“大”这种营销推广，但与其他形形色色“大”的推广方案相比，万科又有着自己的独特性。

图9–22　合肥万科官方微博“#一个人无聊，不如和有聊的小万神侃#”话题二维码

2013年，为了唤醒中央公园对城市的价值的重视，合肥万科最大的项目天工六园，在合肥的四里河路附近正式开启。万科在项目基地建立了一个超大二维码，这个巨型的二维码由土地、草坪、石子组成，面积达到6 400平方米左右，是目前中国已知的最大的二维码。

用土地、草坪、石子组成的二维码毫无疑问是第一次见到。这个超大的二维码引起了消费者的注意和媒体的争相报道。它以独特的形式、材质呈现，能否被扫出来，扫出来后的内容引发了消费者的好奇心。（图9–23）

消费者想要扫描这个巨型二维码，需要站在数百米的高空下才能把它放到手机识别区。但在二维码成功被扫描后，不仅能扫出音乐、文字，还扫出了视频。

合肥万科通过媒体的报道和巨型二维码引发轰动，让这个活动成为二维码推广中的经典案例，为许多企业学习效仿。

图9-23　合肥万科官方微博超大二维码的微博

营销金点子

企业在做扫码互动时，一定要注意消费者的评价，因为评价在营销活动中也扮演着相当重要的角色。但许多用户懒得发表评论，这时，企业可以在活动中带动消费者参与到评论中来。同时，企业在做二维码有奖评论营销时，也要简化评论流程，省去登录、输入验证码、等待等流程，让消费者在开放、自由的氛围中踊跃发言，扩大推广的影响力。

第十章

家居业：给用户带来便捷新体验

网购涉及各个行业，有了网购，可以让新一代消费者群体一个月足不出户，生活丝毫未受到影响。但对于大件的家居业来说，抢占电商市场这一路走得非常艰难。究其原因，家居类大件商品售后服务流程长、成本高，企业需要付出比小件商品几倍甚至几十倍的精力和成本。除此之外，商品的质量、舒适度、与房间的匹配度无法通过网络图片虚拟来实现。而在二维码的营销上，这些问题都能够得到很好的解决。与其绞尽脑汁想宣传方法，不如将体验服务做到消费者的心坎里。

宜家家居：扫一扫，指尖享受家居信息

随着人们生活水平不断提高，房子的品质也在不断提升。从最初毛坯房到筒子楼再到如今的高层楼区，都在让人们居住环境更舒适、便捷。房子是人们的必需品，无论在外租房，还是拥有一套自己的房产，人们的日常生活离不开房子，也离不开房子里的家居。

顾客购入一套房产后，接着便是装修置办家具。例如，对许多刚买房的新婚夫妇而言，选购什么样的家具，便成了亟须解决的首要问题。家居商场品类繁多，令消费者眼花缭乱。借助商场导购员对自家家具的介绍，又让消费者感觉各成一家，没了主意。这时，让顾客真正了解家居品牌，并感受到家居生活的新体验，就显得非常重要了。

扫码下载杂志，让消费者了解家居

数字时代的到来，让商品可以网上选购。但对于家居而言，还是需要消费者亲自去感受一下产品的舒适度、大小、材质等再最后决定。不过，家居不是快消品，一套家居可能要用几年甚至十几年，所以，从材质、风格、舒适度到价钱，每一个环节都不能马虎。对于网购成瘾、不喜欢逛街的消费者而言，让消费者提前了解企业的商品，有目的地去商场体验商品，就显得十分必要。

宜家家居（IKEA），1943年创建于瑞典。目前宜家集团是全球最大的家具家居用品的商家。宜家家居一直秉承“为尽可能多的顾客提供他们能够负担、设计精良、功能齐全、价格低廉的产品”为企业经营的宗旨。宜家销售主要包括座椅/沙发系列、办公用品系列、卧室系列、厨房系列、照明系列、纺织品系列、炊具系列、房间储藏系列、儿童产品系列等约有10 000种产品。

宜家针对潜在消费者创办了《宜家家居指南》杂志，让消费者时时了解到宜家家居信息动态。消费者在看中某款家居后，可以有目的地去商场选购，省去去商场的次数。这本《宜家家居指南》杂志可以通过扫码，下载电子杂志，随时随地都能了解到相关的家居信息。（图10–1）

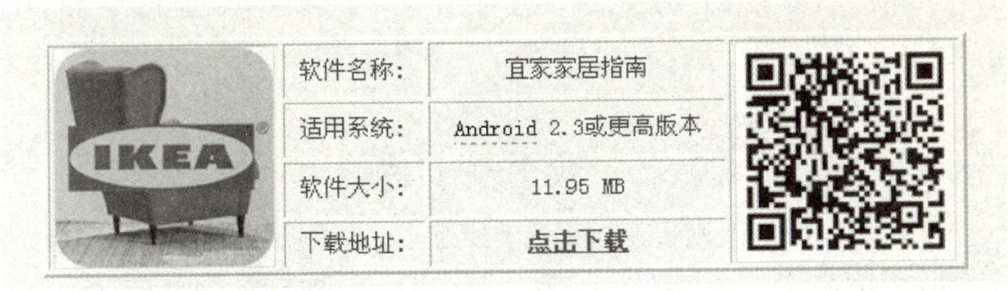

图10–1　宜家《家家家居指南》杂志二维码

消费者把这个二维码，对准摄像头扫一扫，便可以进入下载界面。（10–2）

点击“免费下载”，下载完成后，就可以随时随地查看电子杂志了。（图10–3）

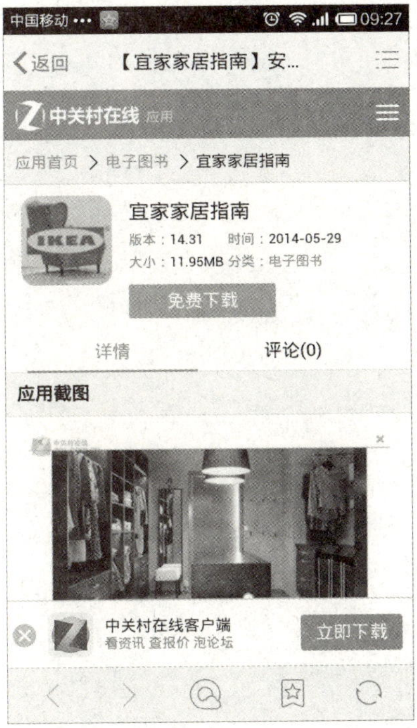

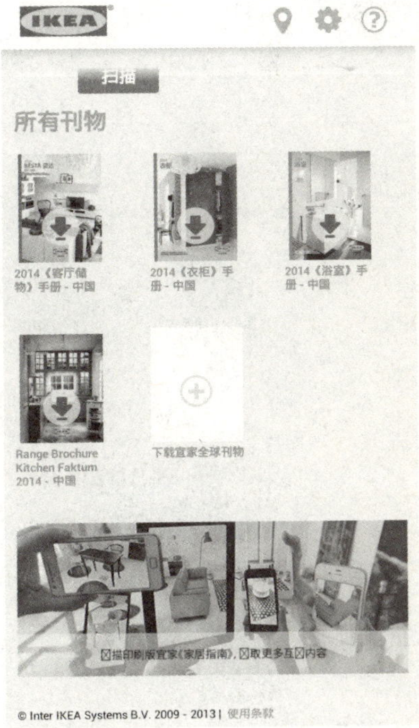

图10–2　宜家《宜家家居指南》杂志下载界面　图10–3　宜家《宜家家居指南》杂志主界面

消费者在看杂志时，不仅可以了解宜家家居的产品信息，而且可以从中学习到家居的室内设计相关知识。对于那些喜爱室内设计的爱好者而言，这是一本非常实用的杂志。宜家推出的《宜家家居指南》不仅方便了消费者，还为企业的产品做了很好的宣传，这也是秉承了宜家家居的宣传核心：让顾客成为品牌的传播者。

扫码下载IKEA宜家，掌中宜家商场

对于消费者而言，最痛苦的莫过于挑选很久的心仪商品，却被服务员告知无货。消费者不仅心情沮丧，还白白浪费时间。即使商品有货，有时消费者因喜欢某件商品，而忽略摆放在家里真正的效果，买到的尺寸或者风格不相符的商品。宜家为了让消费者买到贴心的商品，建立了宜家APP（IKEA APP），以方便消费者查询企业各种信息。

宜家推出的APP，为消费者解决了所有的烦恼。宜家APP方便消费者查询商场及特别优惠活动、产品价格、尺寸、商场位置等信息。消费者如果想要更快捷、方便地查询宜家的商品信息，只要拿出手机扫一扫二维码，下载IKEA APP客户端即可。（图10-4）

图10-4　宜家APP客户端下载页面

扫码后，系统便会自动跳转至下载安装界面，这时消费者只需点击“免费下载”就可以进行下载。（图10–5）

安装好后，可以进入宜家APP主页目录界面，再从分类中选择自己想要查询的商品。（图10–6）

然后点击某样商品，进入商品信息详情页面。（图10–7）

在这个界面消费者可以查询商品各种参数、价格。如果消费者喜欢某类商品，可以点击右上方“三个圆点”查询商场信息，查看是否有库存。（图10–8、图10–9）

消费者点击自己所在城市的商场，便可以进行查询了。同时，还可以看到宜家优惠活动的详情。（图10–10）

图10–5　宜家家居APP下载界面

图10–6　宜家APP主页目录界面

图10–7　宜家APP商品信息界面

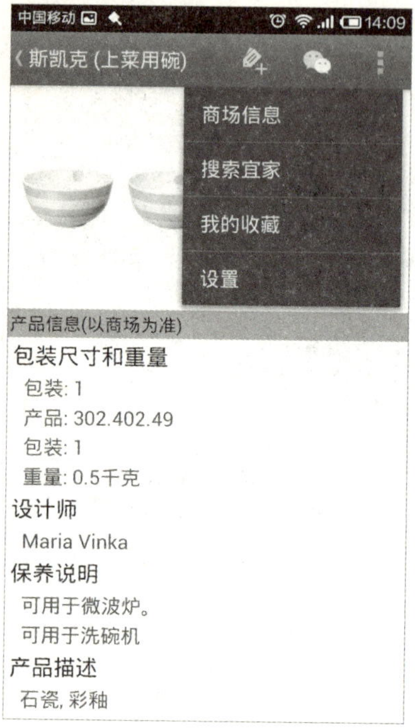

图10-8

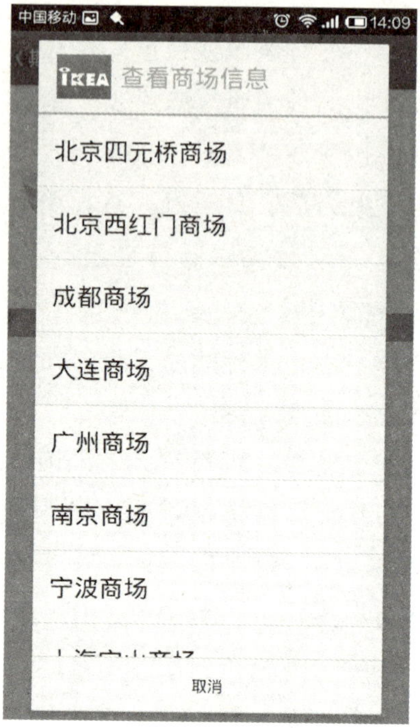

图10-9

图10-8、图10-9　宜家APP商场信息界面

同时，在美国版苹果系统，宜家APP，还可以实现扫描纸质产品目录商品，模拟在自己家中可以观看商品3D效果图。不仅避免买错商品，还能够看到商品在自己家中真实的样子。

扫码二维码，家居视听新体验

电视、音响是人们家居生活中必不可少的娱乐工具。在客厅里不仅要摆放美观、整洁，更要实现娱乐效果完美的结合。但并不是所有的家庭都可以将视听组合得那么完美。有些消费者的家里，因为视听设备让整个客厅显得非常小。

图10-10　宜家APP商场详细信息界面

在2013年7月26日，宜家推出了“扫描二维码，有奖邀您体验宜家新客厅”的活动。在活动中，宜家将影音系统与客厅的其他家具完美地融合到一起，设计了“UPPLEVA乌列娃”系列，解决了不同的多媒体设备繁多杂乱问题。为了让更多的消费者体验到“UPPLEVA乌列娃”系列带来的改变，宜家更是与《广州日报》合作推出此活动。在活动现场宜家还请来设计师根据消费者的提问，来回答有关新家装修或旧家改造的问题。（图10-11）

图10-11　宜家与《广州日报》推出的“扫描二维码，有奖邀您体验宜家新客厅”活动页面

无论在网上还是报纸上，有此类烦恼的消费者只要扫一扫码，报名参与该活动，就可以感受宜家带来的视听新体验。（图10-12）

扫码后，系统跳转至报名页面，消费者只要在热评里留下自己的详细资料，就可以参与该活动。

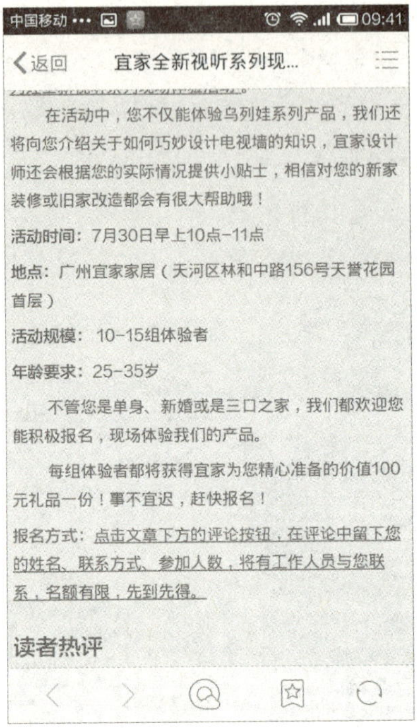

图10-12　宜家与《广州日报》推出的“扫描二维码，有奖邀您体验宜家新客厅”扫码后报名界面

营销金点子

对于耐用品，正确使用方法和后期保养是消费者非常关心的。在二维码的使用上，企业也可以为每件商品贴一个二维码，方便消费者购买产品后正确使用与保养；同时，企业也可以为自己的商品设置二维码，方便企业查询每一件售出商品的信息，包括客户信息、保修记录等，将售后服务做得更完善。

曲美家具：指尖上的互动，体验家居新生活

二维码像一股春风，悄悄吹进了消费者的生活。各行各业、随时随地都可以见到各种各样的二维码。在如此多的二维码中，大多数是消费者视而不见的。二维码的吸引力就成了运营者首要考虑的问题，因为无论企业提供多好的服务，消费者只有扫码才能感受到。

在家居行业二维码的运用也非常广泛，不仅可以对产品进行追溯，还可以用来辨别真伪。可这些二维码对于消费者而言，并不能直接让消费者来购买企业的产品。售后服务只是对产品品牌附加值的完善，而如何吸引更多消费者关注企业，刺激消费欲望，才是企业使用二维码营销的头等大事。

扫二维码揭贴，争相做环保人士

随着工业的发展和汽车数量的增加，人为对环境的破坏越来越严重，北京、河北、山西等地出现雾霾天气。雾霾天气不仅给人们身体造成伤害，同时也因能见度问题对交通带来许多不便。微博、论坛、报纸一时间成了雾霾的天下，人们都为自己的生活感到担忧，希望能够通过一些途径改变现实的环境。

“爱护环境，人人有责”，这是我们从小到大接受的教育。在环境受到污染时，每个人都想尽一份责任，但有时是不知从何做起。曲美家具的出现，给了每个人为环境出力的机会。

曲美家具品牌诞生于对欧洲自由主义生态态度和西方视觉审美艺术的美好敬意。公司一直秉承“曲美现代家具，欧洲原创设计”的品牌理念，始终以设计为核心竞争力。经过多年的发展，曲美家具已经成为中国领先的有设计感的现代家具品牌。让“简约、时尚、现代”成为曲美家具风格的代言。自公司成立以来曲美家具为消费者提供了“自在空间”“如是·中国家”“古诺凡希·现代”“古诺凡希·视界”“曼哈顿生活”“艺树空间”“北欧阳光”等原创家具设计作品。

环境问题一直关系着社会的发展，关系着每个人的身心健康。曲美家具在2014年7月15日，曲美在官方微博发布了“绿色卫士招募令，聚天下环保志士”的帖子。诚邀每个热心环保事业的人，参入到活动中来。（图10-13）

消费者想要参与到曲美发出的环保事业当中，可以拿出手机扫一扫上面的二维码，这样就可以“揭帖”了。（图10-14）

图10-13　曲美家具官方微博“绿色卫士招募令，聚天下环保志士”活动二维码

图10-14　曲美家具“绿色卫士招募令，聚天下环保志士”活动扫码后的界面

扫码后，系统跳转至一个非常模糊的界面，界面上有“请用手指擦一擦，擦出英雄帖”的字样。按照提示把灰尘擦去后，就可以看到清晰的揭帖海报了。（图10-15）

点击“揭帖”，就可以进入到填写资料报名的界面，这时，填写好自己的资料，就成功参与到环保活动当中了。（图10-16）

资料填写完成后，会进入到已经报名成功的界面，此时，参与活动的消费者，还可以把这个报名成功的环保活动分享到朋友圈，让朋友支持环保行动，同时为自己增加人气。（图10-17）

图10-15　曲美家具“绿色卫士招募令，聚天下环保志士”活动擦去灰尘后的海报

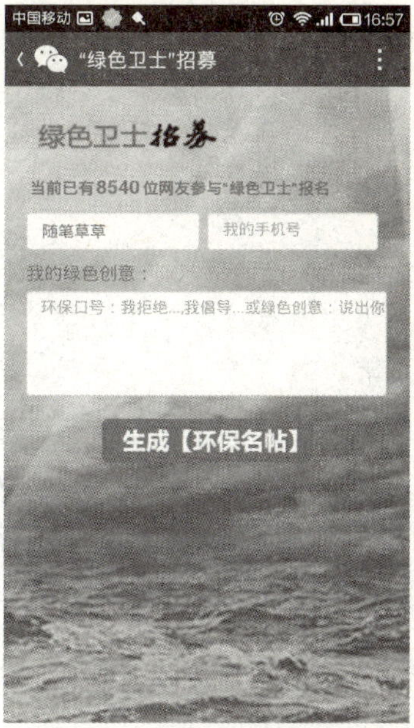

图10-16　曲美家具“绿色卫士招募令，聚天下环保志士”活动填写资料界面

此活动截止至2014年7月22日，已经有明星戴军、BTV主持人、中央人民广播电台音乐之声副总监张东、首届“北京环保公益大使”聂一菁等8 000余位明星知名人士加入到曲美家具推出的活动中，可见消费者对于环保活动的热情。

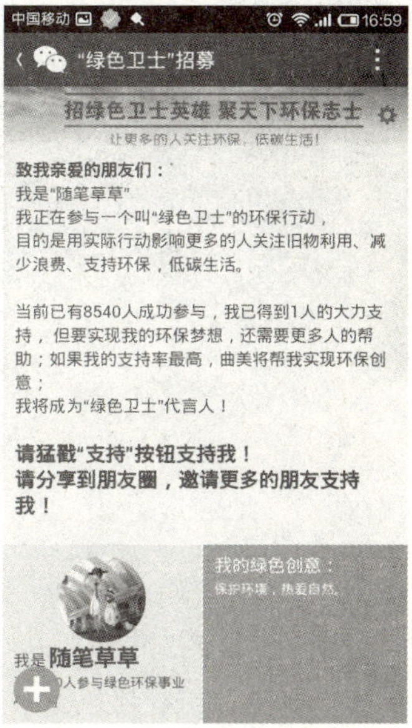

图10-17　曲美家具“绿色卫士招募令，聚天下环保志士”活动提交成功的界面

指尖动一动，样板间新体验

对于家居业而言，最好的营销方式莫过于带给消费者好的体验了。质量、舒适度、风格都是需要消费者亲自体验一番才会进行购买的。对于到店购买商品的消费者，当然可以亲自感受这些，而对于不了解企业家具的消费者，则可以利用电脑或

者APP，来让消费体验到产品。

2014年6月22日，曲美家具正式推出企业四款APP。这四款APP满足了消费者还没有到店便能感受曲美家具的体验，同时，也让消费者亲自演示体验3D场景。为此，曲美对其中一款APP——“曲美样板间”APP，进行了报道，让消费者“亲临”样板间现场。

消费者想要体验一下样板间这款APP，可以扫曲美家具的二维码，加入官方微信，对样板间APP进行一番了解。（图10–18）

扫码后，可以在历史消息里查找关于曲美家具APP的消息。（图10–19）

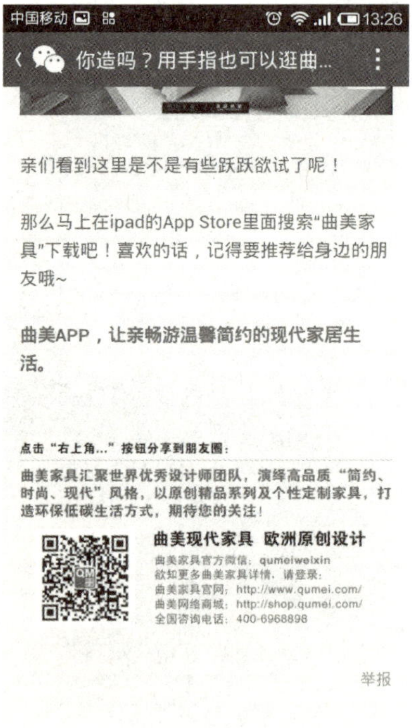

图10–18　曲美家具官方微信二维码

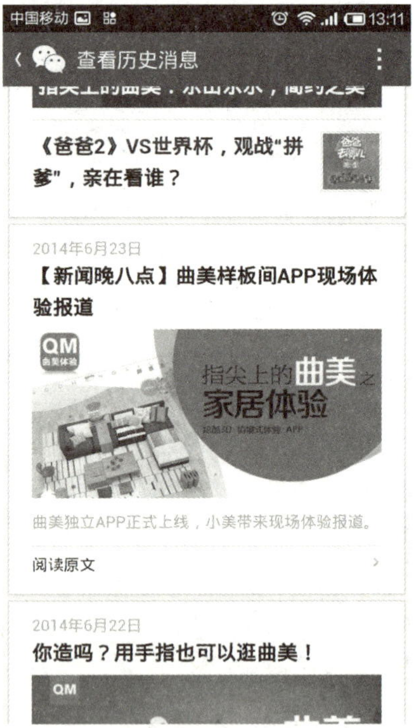

图10–19　曲美家具官方微信“曲美样板间APP”的报道界面

点击“阅读原文”可以点击视频体验曲美样板间APP，让消费者体验如临现场的感觉。（图10–20、图10–21、图10–22）

视频中，画面自动滚动，模拟现场情景多角度体验视觉效果。同时，画面也可以定格下来，消费者可以通过箭头查看自己想要查看的细节、具体位置等。

图10-20

图10-21

图10-22

图10-20、图10-21、图10-22　曲美家具官方微信“曲美样板间APP”演示图

消费者看到这条报道后，如果喜欢这款APP，可以在ipad上打开App Store，并搜索“曲美家具”即可以看到四款曲美APP应用：曲美家居、曲美样板间、曲美明星产品、曲美产品库。这四款APP方便消费者查询店铺地址、品牌形象、3D产品图册、产品构造、3D场景演示等，让消费者畅游温馨简约的现代家居生活。

这些演示图，不仅让顾客体验到曲美家具APP的实用性，也可以让消费者自主选择，让那些对此APP不感兴趣的消费者，省去删除的麻烦。

营销金点子

在家居业，二维码的多应用于商品辨别真伪、运输服务等。营销类的推广在业界成功案例还不是很多，所以，家居业企业可以多适时运用二维码做营销模拟情景，让顾客有身临其境的服务体验。

利豪集团：二维码增加与消费者的互动

在二维码的营销中，无论是消费者还是企业，最常见到的就是优惠活动。因为消费者需要优惠到实处，才会被吸引参与进来。

在二维码的推广与营销中，如何吸引消费者扫码，是至关重要的一步。任何一家企业的广告文案、创意都是吸引潜在顾客的第一步，而推广的真正用意，是激发潜在客户对企业产生兴趣，扫码并不时地留意关注企业。

偷窥无罪，扫码知详情

“五一”“十一”是各大行业的一次盛典，所有品牌都挖空心思搞活动，各大卖场的促销海报更是令消费者眼花缭乱。消费者也抓住了每年节假日企业的心理，选择“五一”“十一”打折时购买商品。尤其是家具类的大件商品，可以为消费者省去一大笔钱。而在2013年5月1日，利豪沙发却表现得十分平静。

利豪集团创建于1999年，坐落在浙江安吉阳光工业园区。占地30万平方米，员工3 000余人。是一家凝聚优势产品精髓的大型民营企业，拥有多家控股、参股公司。利豪集团主要运营沙发、办公椅、皮革等产品的生产制造。经过数年来的发展，利豪集团已经成为中国特大型的办公椅制造商。

在2013年5月1日前，利豪沙发并未在网站、微博、海报等上面做任何关于优惠活动的宣传，一直很低调。直到五一小长假前一天晚上，利豪沙发的工作员人悄悄地在北京城外城家居广场上，搭建了一个正方形盒子状的房子。这个房子四面封闭，墙壁上布满小孔，也没有任何品牌的LOGO，只在上面印着四个巨型的二维码，同时播放着音乐。这样一个奇怪的房子就引起了消费者的注意，大家都忍不住对准小孔，一探究竟。（图10-23）

很多消费者都参与了“小孔偷窥”活动。消费者看到的内容拍成照片，发到微博上并@利豪沙发LEHOO官方微博，就有机会被封最牛“偷窥”者，并获得一份神秘大奖。现场扫码消费者也可以得到利豪官方人员送出的一份精美礼品。（10-24）

图10-23　利豪沙发官方微信发布的在北京城外城家居广场举办的“偷窥无罪”房子照片

房子内有什么，只有看到的人才知道。对于那些不能亲临现场的体验者而言，利豪沙发也没有让大家失望，消费者可以通过扫一扫二维码，来关注利豪沙发的官方微信，就有机会获得由利豪沙发送出的美国雷克萨斯州免费游。（图10–25）

图10–24　利豪沙发官方微博上的“偷窥无罪”活动现场照片

图10–25　利豪沙发官方微博“偷窥无罪”活动二维码

此次活动不到3个小时，微信后台显示已经吸收了近万人参与互动，成效非常显著。活动从开始到消费者拿到精美礼品，全程没有一位利豪沙发人员引导，但是，在这样游戏中，企业却把营销信息传达到了消费者。

七夕家装节，扫码装修爱

七夕，是一个让青年男女心动的日子。在这一天，送花、送礼、送祝福，似乎都不能表达恋人之间的浓浓爱意。对情人而言，最美好的事就是对未来的美好设想。在2014年8月2日的中国情人节，不如为自己将来的家做一个规划，也让那些已有房子或者打算买房的伴侣一起来装修自己的爱情小巢。

而由腾讯亚太家居、亚太动力带头举办的首届七夕家装节，是中国家居建材行业史无前例的线下团购盛宴，2014年8月2日同时在全国26个重点城

市举办，30家国内家居一线品牌包含利豪在内联合千城万店，一起将爱情装修到底。（图10-26）

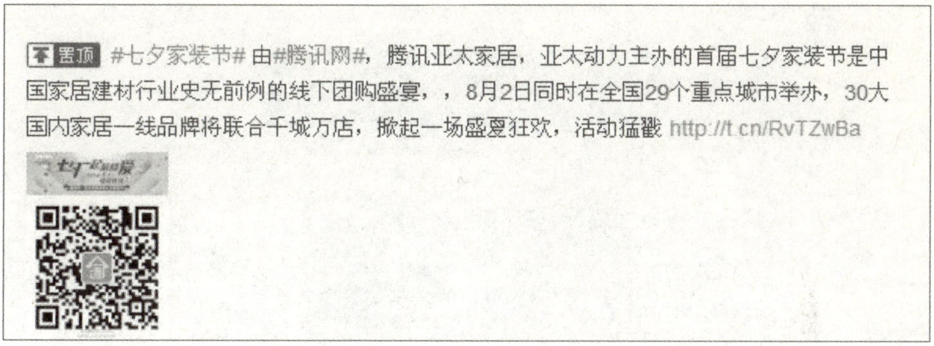

图10-26　利豪沙发官方微博七夕家装节活动二维码

对于喜爱韩剧的青年男女，一定不会忘记《继承者们》《最佳李纯信》等热播电视剧中的利豪沙发，能够成为当下流行电视剧的赞助商，说明企业有一定的实力。（图10-27、图10-28）

图10-27

图10-28

图10-27、图10-28　利豪官方微信发布韩剧《继承者们》《最佳李纯信》剧照

身处时尚前沿、对科技产品感兴趣的青年男女，自然也不会错过扫码的机会。扫码后，便可以进入亚太淘家居的官方微信，了解活动详细信息。（图10-29）

图10-29 利豪沙发官方微信“七夕一起装修爱”活动介绍界面

利豪的二维码营销精准地定位了当下青年人群，并与新媒体进行合作，共同组织线上线下活动。将潜在客户从普通关系上升为好友关系，拉近了企业与客户之间的距离。

营销金点子

在二维码的营销推广中，不仅要在产品锐意创新，在营销手段上更要推陈出新，引领整个行业的营销方向。企业在营销过程中，应多从客户心理、现实生活需求出发，增加消费者对企业的黏性，这样才能达到真正互动的效果。

第十一章

服装业：带领进入服装营销新时代

无论逛街还是上网，总能看到各种服装的打折信息。分析其中原因：产品供应商的增加、产品的需求减少，导致企业和店家必须通过打折来吸引消费者。虽然服装业实体店的销量在逐步下降，但是，网购渠道发展非常迅速，其中主要原因来自于手机移动客户端。截至2014年8月27日，我国服装网购市场比去年同期增长41.5%。移动客户端消费离不开二维码，撇开传统营销模式，服装业二维码营销更是有很大的贡献。展望未来，服装业二维码营销前程似锦。

森马服装：扫码与明星亲密接触

随着李敏镐、EXO、金秀贤等韩国偶像的大火，越来越多的年轻人成为他们的粉丝。截至2014年4月8日，《来自星星的你》在爱奇艺、PPS双平台播放总量破20亿，成为史上第一部百度指数破200万的韩剧。“都教授”中国见面会的门票，更是被粉丝炒到了上万元，可见偶像在观众心中的地位和熟知度。

明星大红大紫，迎来的是品牌广告合约不断。为了能够让明星为自己品牌的代言，企业不惜花重金与其他企业竞争。在与营销推广中，偶像的力量绝对不可小觑，即使企业请偶像做品牌代言，依然不能忘记产品的营销才是根本。借用偶像的力量再切合当下的新式营销，定能赢得粉丝的青睐。

扫码加微信，让偶像帮消费者搭配衣服

调查显示，崇拜明星者多为一些年轻人。他们有追随时尚流行的心态，热衷于自我表达、喜欢追求偶像，偶像效应在年轻人身上非常奏效。当明星的海报所穿的衣服与年轻人是同一款时，就会非常自豪，觉得是一种时尚的表达。在这种流行观念影响下，森马从偶像着手，配合当下非常火的二维码营销，为企业带来了非常多的人气与收益。

森马集团有限公司，1996年12月18日创立于浙江省温州市。是国内休闲服行业迅速崛起的领军品牌。公司以“创大众服饰品牌”为发展宗旨，积极推行特许经营发展模式。集团现有休闲装“semir”及童装“balabala”等两个知名品牌，是一家以特许经营模式为特色，以系列休闲服饰为主导产业的集团。

从2003年的代言人谢霆锋到后来的TWINS、罗志祥，到近年的李敏镐和金秀贤，森马一直请当红的明星偶像代言，凭借偶像的力量，吸引更多明星粉丝的顾客购买。（图11–1）

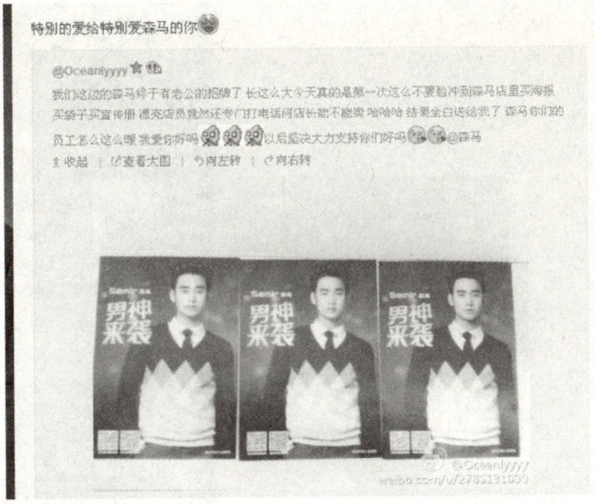

图11-1　森马官方微博转发粉丝微博

在聘请到明星代言后，为了吸引更多的粉丝关注，森马在微信运营上下了很大的功夫。粉丝可以通过官方微信看偶像最新搭配视频、偶像时尚课堂、偶像壁纸下载以及“#加油！店长#”等栏目。让粉丝和消费者每周都可以感受明星的存在。这样贴心的服务，让粉丝无法不关注企业微信。粉丝想要关注企业微信可以通过扫码来获得，只要扫一下二维码，偶像动态、偶像穿衣搭配服务一应俱全。（图11-2）

图11-2　森马官方微博加微信关注的二维码

粉丝扫码后，可以进入微信主界面，在主界面可以看到微信“小森世界”“星·敏镐”“星·秀贤”等菜单。（图11-3）

想看偶像的时装搭配、时尚课堂等栏目，可以点击喜欢的明星菜单，进行查看。（图11-4、图11-5）

粉丝对于偶像的喜爱是非常狂热的。利用偶像的人气可以带动微信的人气，粉丝在关注偶像的同时无形中也关注了企业信息，不知不觉中粉丝就会成为企业的客户。

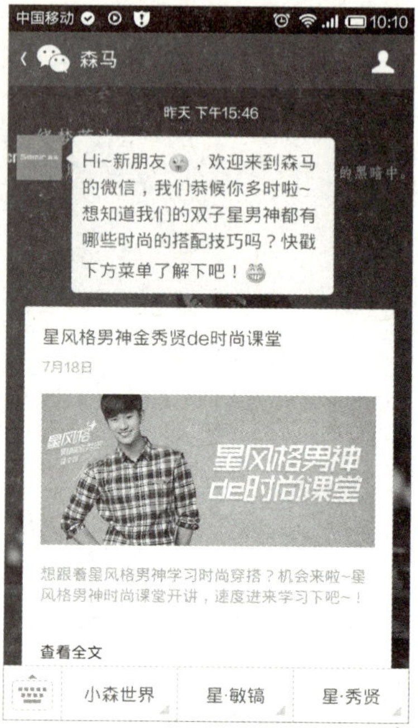

图11-3　森马官方微信主界面

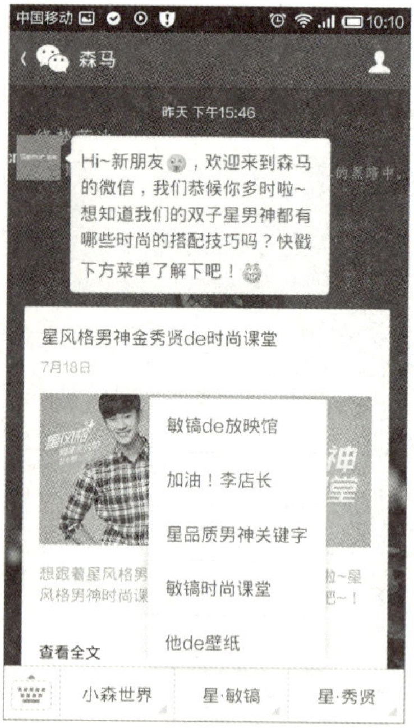

图11-4

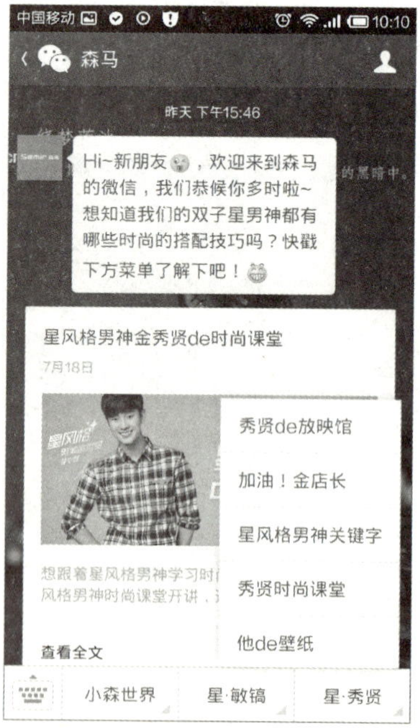

图11-5

图11-4、图11-5　森马官方微信菜单界面

城市大行动，扫码拍照见明星

对于粉丝而言，最兴奋和期待的事莫过于见到自己喜欢的明星了。但追星者多半是年轻人，其中大多数都是学生，当明星的票价被炒到上万元时，昂贵的票价让粉丝只能望洋兴叹。如果这时企业举行一场活动，让粉丝和顾客只需要扫一扫码，便有机会见到明星，这样的活动就会非常吸引人了。

2013年，随着韩剧《继承者们》的大火，李敏镐成为当年最红的偶像明星。森马成功签下李敏镐作为森马的形象代言人。当各大森马实体店内贴出李敏镐的照片、海报时，森马推出了“什么TEE城市势力PK”活动，参与活动，便有机会见到偶像李敏镐。无论消费者身在哪个城市都可以参与到活动中来，作为李敏镐的粉丝，这可是一次非常难得的机会。

如果粉丝想要参与到活动中，只需到所在城市指定实体店，找到李敏镐易拉宝并合影，就可以扫二维码将图片保存至手机，获得抽奖序列号，并前往森马微信回复【F】登录抽奖平台就可以参与抽奖。（图11–6）

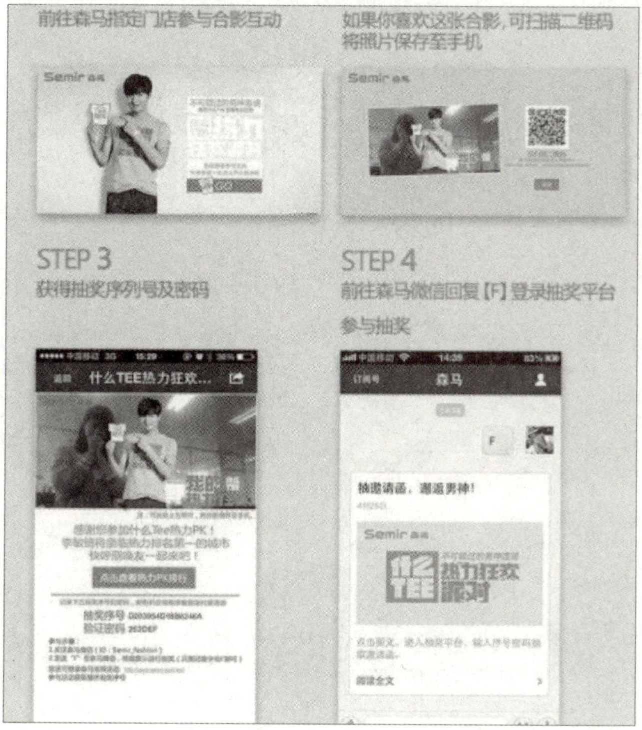

图11–6　森马“什么TEE城市势力PK”官方微博活动流程

该活动一经推出，现场的易拉宝旁排起了长队，森马店内集满了各路潮男潮女粉丝。甚至有些粉丝当日未能参与到活动中，只能期待下次参与。（图11–7）

图11–7　森马官方微博发布“什么TEE城市势力PK”现场活动照片

此次扫码见明星活动，不仅增加了店内的人气，更带动了店内的销量。让粉丝参与到活动中，加深了顾客对企业品牌印象。

营销金点子

企业聘请明星做代言时，一定要有定位。知道哪些销售人群需要聘请什么明星，也要知道喜欢明星的粉丝是否是扫码群体。如果年轻人品牌找的是一些妈妈们热爱的明星，粉丝扫码的动力就会打大折扣。

米喜迪服装：二维码，让宝宝更时尚

孩子健康成长，是为人父母最大的期盼。为了让孩子健康成长，父母总是将最好的留给孩子，不惜花重金，让孩子接受最好的教育，为孩子提供最好的生活环境。企业在孩子身上看到了市场前景，纷纷把项目拓展到了儿童行业。

当越来越多的企业进入儿童行业时，该行业也逐渐饱和，童装业尤其如此。企业想要在饱和的市场开辟出一条自己的道路，就需要有新的营销模式。不仅需要切合消费者的心理，而且要迎合市场需求。当下孩子的父母多为80后、90后，他们接受过良好的教育，有一定的审美观念，能够接受新鲜事物。企业在开展潜在营销模式时可以利用当下最火的二维码，用新媒体模式来吸引父母，抢占手机客户。

扫一扫，到店即享优惠

随着孩子身体的增长，家长不时地要为孩子选择购买合适的衣服。但儿童的皮肤娇嫩，与成人服装所需面料不同，所以家长在给孩子选择服装时，还需要具有一定品质的服装。不过，童装品质较高的价格比较昂贵，并不适合大众消费者。甚至有些父母觉得孩子在生长中，衣服穿不了多久，无须买太贵的衣服。这时，企业如果做的是中高端品牌，可以通过扫码活动来带动那些不愿意花钱的父母来消费，让父母感受到企业的品质，从而成为企业的客户。

米喜迪是ME&CITY品牌旗下的童装品牌。以都市时尚化、个性化的款式，倡导潮童时尚概念与穿衣品味。运用时尚的色彩、环保的面料、多元化的设计风格，为3~13岁的儿童打造时尚儿童形象，传递健康愉悦的生活态度。

米喜迪在宣传推广上，也运用了二维码。打开米喜迪的官方微博，可以看到米喜迪与湖南金鹰卡通合作的电视节目《米喜迪潮童假期》在播出。

节目里，不仅可以看到潮童各种大赛，还可以看潮童秀舞技。当然，潮童们身穿服装品牌为米喜迪童装。父母在看电视时，会看到广告上潮童身上的服装，就会去店内为孩子买米喜迪的衣服。但有些父母会觉得米喜迪的服装价格偏贵。此时，企业推出一系列优惠活动，父母看到有优惠，就会为孩子把服装收入囊中。

米喜迪在六一儿童时节推出了“快乐六一，微信扫一扫”的活动。活动期间消费者可以通过扫二维码加关注米喜迪官方微信。家长带着孩子去实体店内选购衣服时，只要出示自己手机内的好友列表，便可以享受6.1折优惠。（图11–8）

图11–8 米喜迪官方微博“快乐六一，微信扫一扫”活动二维码

对于童装而言，让孩子亲自去实体店试穿是非常有必要的。关注企业微信，到店即享优惠，可以让消费者感觉到真正的实惠，并非是吸引眼球的宣传。同时，6.1折的优惠力度，让那些觉得无法承担得起服装价格的顾客，可也以尝试一次企业的服装与服务。这时家长关注企业后，自然可以通过更多的营销方法让关注者成为企业的顾客。

扫码学搭配

任何一个人都有过时的衣服。但这些过时的衣服放到设计师手里就可以变废为宝，再配上一些装饰和新的搭配方法，立刻成了潮装。消费者想要了解搭配知识，从最初的时尚杂志到后来的时尚网站到现在的微博、微信。如今，想要学习搭配还可以用手机，只要扫一扫二维码，就可以随时随地学搭配。

米喜迪在2014年的五一劳动节升级了官方微信，让消费者在关注企业的同时，还能够学到新的搭配方法，让自己的孩子成为潮童。关注企业微信后，还可以关注企业推出的“潮童大赛”的进展。如果消费者也喜欢让自己的孩子登舞台，上电视，可以报名参与此活动。（图11–9）

图11–9　米喜迪官方微博五一改版二维码

消费者被活动吸引，就会扫企业的二维码，进入米喜迪官方微信。（图11–10）

这时，消费者可以在“潮童型秀”中定期学习儿童服装搭配，同时，还可以关注“潮童大赛”的进程，并通过“潮童CLUB”来为孩子购买喜欢的童装。

图11-10 米喜迪官方微信改版后界面

米喜迪在推广上，借助电视媒体来吸引消费者，扩大知名度。并使用扫码加微信来为喜欢企业的消费者来提供时尚的服务，将消费者与企业微信“绑定”，让他们一直关注着企业动态。

营销金点子

做二维码的信息推广时，一定要懂得消费者心理，而不是根据自己的需求，把企业的信息介绍或者促销活动直接放到二维码中。消费者喜欢的永远不是硬性的广告，而是满足自己的需求，获得阅读愉悦的内容。一般来说，微博营销为消费者提供生活信息、生活品位、服装搭配、日常常识等。企业在做微信营销时，可以借鉴微博，多从消费者的需求上下功夫。

李宁服装：让二维码“动”起来

社会进步与发展，为消费者带来了便捷的生活方式。消费者在自己家中便可以享受购物乐趣，并让商家提供快递上门服务。在劳力方式上，科技的发展让消费者坐在家中可以轻松购物。生活发生质的改变，人们无须很多体力劳动也可以轻松生活，人们已享受着了时代带来的便捷福利，变得不愿出门、不愿运动。这样的生活方式，也让人们的身体处于亚健康状态。

身体乃革命本钱，为了缓解亚健康状态，一部分消费者通过业余时间到健身房健体强身；另一部分消费者通过保健品来调理身体，为身体补充所需的养分。作为为运动服装品牌代言的李宁，在这种情况下需要引导消费者，让他们在户外和家中都能够感受运动的乐趣，从而记住企业的品牌。

扫码，10公里路跑等你证明

在所有的运动中，跑步是人们最常采用的一种锻炼身体的方式，无论在运动场或者沿江走廊，甚至林荫小路都可以进行锻炼。但随着社会的发展，生活越来越便捷，人们不仅不愿意出门，更懒得运动。作为运动品牌的企业，让消费者穿上企业的服装，走到户外感受阳光和自然才是企业营销的最终目的。李宁借助跑步的自由与无需求，加上好玩的路线与新形式营销，成功地把消费者吸引到了户外。

李宁服装，是著名体操运动员李宁创建的服装品牌，于1990年建立佛山三水。李宁在20余年间，由最初单一的运动服装发展到运动服装、运动鞋、运动器材等多个产品系列的专业化体育用品公司。

为了吸引消费者参与到户外运动中来，李宁在2014年4月份推出了“10K路跑联赛”活动。此活动是中国首个联赛形式的路跑全民运动项目，也是一项具备专业竞赛水平的里程碑式路跑赛事。凡是健康男女市民都可以参与到10公里路跑活动中来。李宁服装品牌为每一位参赛选手提供跑步短

T、跑步背袋等参赛套跑，同时还为选手提供专业的计时服务、具有纪念意义的奖牌和中国田径协会官方认证的成绩证书。为了让选手在比赛过程中不乏味，李宁在10千米每一站都精心设计，不仅可以将一路景观尽收眼底，还可以收获到李宁服装品牌在每一站设置的惊喜。对此活动感兴趣者也可以到现场观看助阵。如果想要报名参与或者关注赛事的消费者，可以拿出手机扫一扫李宁官方微信二维码，就可以通过微信来了解赛事信息。（图11–11）

扫码后可以关注李宁官方微信，在微信中找到“最新活动”然后查看“10K等你来证明”活动。（图11–12）

图11–11　李宁官方微博二维码

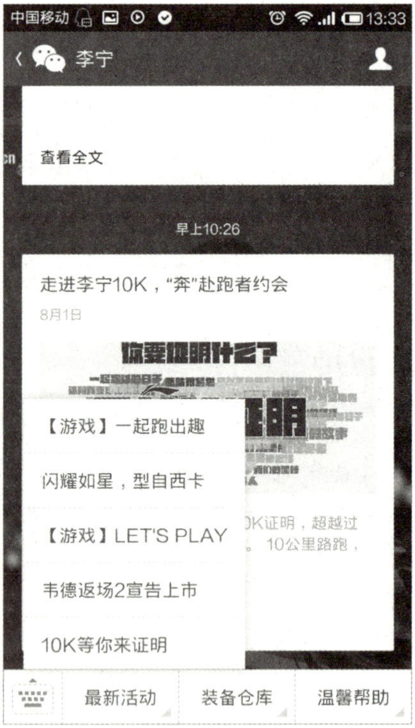

图11–12　李官官方微信菜单信息

点击“10K等你来证明”后，微信界面会弹出“走进李宁10K，‘奔’赴跑者约会”的信息，点击进去后，可以看到赛事流程及赛事信息等。如果想要了解一些城市赛事信息，还可以在微信对话框界面回复【10KXX站】（XX为城市名）来查询。

这样庞大的专业赛事自然带动了不少跑步爱好者的热情，让他们感受到运动所带来的快乐。同时还可以让观众感受李宁服装品牌的运动感，从而加深对品牌的印象。

手指运动，一起路出“趣”

避重就轻是人的本性，懒更是人们规避麻烦事物的一种方式。当人们习惯了便捷的生活带来的身体上的放松时，会觉得运动是一件非常累的事。无论选择那种运动方式，都需要付出一定的体力和时间。这时，人们更喜欢工作之余宅在家中，让身心在休息中得到放松和恢复。李宁服装品牌针对不愿意参加运动的消费者，推出了趣味运动活动。

游戏是人们茶余饭后的一种消遣，随着智能机的发展，手游成为人们等地铁、等公交等各种碎片时间的一种打发无聊时间的指上运动。有些企业开发了游戏，占据了参与者的无聊时间。李宁也开发了自己的游戏，为了让参与者的手机不占用空间，只要关注企业微信，便可以在微信中玩游戏，让参与者在游戏中感受运动带来的快乐。参与游戏的同时回复【我要弧四】还有机会赢取李宁弧四代跑鞋，如果参与者喜欢玩游戏，可以扫李宁官方二维码，参与到李宁微信“一起跑出趣”的游戏中来。（图11–13）

图11–13　李宁官方微博“一起跑出趣”活动二维码

消费者扫码后，可以进入李宁官方微信，在最新活动中，可以找到“【游戏】一起跑出趣”栏目，（图11-12）然后点击参与到游戏中。（图11-14）

此时，消费者可以通过“个人中心”“活动规则”“产品介绍”等菜单来查看想要了解的信息。了解完信息的点击“跟他跑”菜单，就可以进入游戏了。

“点击”或者“摇一摇”便可以开始游戏，游戏过程中，可以根据手指点击速度或者摇一摇的速度，决定谁胜谁负。游戏中的“跑出趣”道具使用了李宁跑鞋，让在玩游戏时，更加深了对李宁弧四代跑鞋的印象，让消费者爱上“一起跑出趣”游戏，从而成为企业的粉丝。

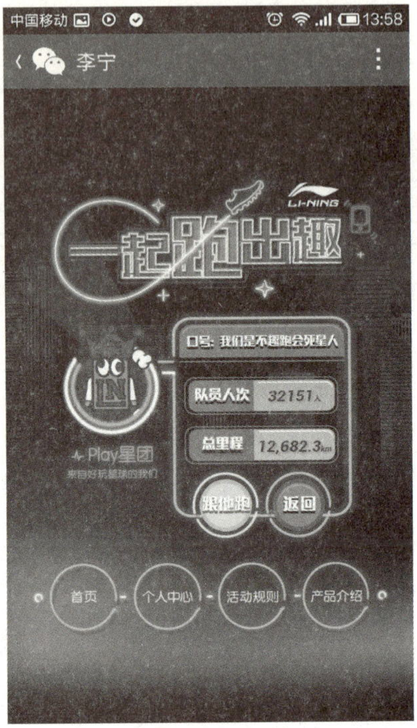

图11-14　李宁官方微信“一起跑出趣”游戏主界面

营销金点子

二维码在服装行业中应用非常广泛，除了有目的性的营销使用外，还可以将二维码用到实处。比如：将二维码印在衣服的标签上，让消费者扫码了解衣服的品牌、保养方法、洗涤方法等信息；在客户买完衣服或者客户收到包裹的包装箱里加印二维码，它可以让消费者不定期扫一扫，了解服装搭配、最新时尚信息、品牌服装新品等服务，让消费者在同一个二维码中，感受到不同的信息内容。

第十二章

金融业：二维码理财，准确更快捷

E金融时代，金融机构面临着巨大的挑战。对手从同业逐渐升级到互联网金融。互联网金融对银行、保险业的冲击，使这些机构不甘心坐以待毙，决心东山再起，全力出击，赢回市场。传统金融业对抗互联网金融业，自然离不开网络。在这场没有焇烟的商战中，谁能在互联网占得领先高地，谁就能够成功。作为数字时代的新生品——二维码，企业利用好这种武器，可以事半功倍，为自己扳回一局。

中信银行："异度"扫码，改变支付方式

当二维码逐渐成为生活的主流时，很多企业也逐渐将二维码变成推广产品的一种营销模式，金融业也不例外。但如果绞尽脑汁让消费者扫二维码，点开页面后只看到一些硬性的广告，客户就会反感，甚至有被推销的感觉。因此如何让客户扫码后，感受到一种贴心服务，继而成为企业的忠实关注者，是所有二维码营销者必须思考的问题。

目前商品市场，正从实体店消费逐渐变成互联网消费，而且移动互联网消费越来越成为一种趋势。许多企业盯紧这个变化，开始将营销战场转移到移动互联网上。中信银行就是其中一例。

2013年6月27日，中信银行宣布推出"异度支付"概念。这一概念包含了NFC支付、全网跨行收单、二维码电子支付等业务，最明显特点就是实现了"三个分离"：购物与支付的分离；支付与结算方式的分离；支付与支付工具的分离。二维码作为异度支付的重点产品，成功地解决线上与线下的融合，只要客户的手机里装有下载中信银行的客户端，支付就不再受到网点和PC终端的限制，随时随地可以完成支付，让客户在快捷、方便的体验中不知不觉成为中信银行的客户。

手指动一动，5元话费轻松拿

任何一款产品推出后，都需要被广大消费者认识。但普通的活动又无法让消费者心甘情愿拿出手机扫码。中信银行为了提高扫码量，做了一个"用异度支付，赢千元话费"的活动。这个活动看似常见，但如果仔细看海报则会发现，海报上印着的二维码的旁边还有一排小字："只需手指动一动，5元话费轻松拿"。不仅如此，海报上还写着：推荐给身边的好友，可得3元话费。福利发放到每个扫码的手机用户手中，不仅可以得话费，还可以冲刺千元话费，这样的有奖活动大大提高了消费者参与的积极性。那么，我们也来扫

一扫二维码，看看如何拿到5元话费吧。（图12–1）

图12–1　异度支付活动海报

首先用户需要拿出手机，扫描中信银行的异度支付二维码，即可进入中信银行“异度支付”下载界面。（图12–2）

进入下载界面后，用户在“我的手机”栏里输入自己的手机号，就可以点击下载，还可以推荐给自己的好友赚取话费。下载完成后点击进入异度APP软件，成功注册将立即得到5元话费的充值奖励。如果推荐好友成功，则在活动结束后将3元话费充值到该用户手机当中。登录“异度支付”软件的界面，可以看到这个软件的多样性，不仅可以电影、交罚款，还可以买彩票、看报纸……几乎囊括生活的方方面面。（图12–3）

图12–2　异度支付下载界面

图12–3　异度支付软件界面

扫码异度支付送好礼活动推广后，得到了广大用户的积极参与，活动推出的第二天扫码量便达到了3万次，而推荐好友赚话费的活动，也为异度支付带来了2万用户。这个活动让每个扫码用户受益，不仅提高了用户的参与热情，而且让更多人知道了中信银行异度支付这个产品，为新产品做了极好的宣传预热。

携手苏宁电器，购物结账一扫就灵

进入商场，必定会看到琳琅满目的商品，消费者正打算痛快购物，却看到收银台处排着长队，多少让消费者望而却步。这不仅为消费者带来不便，也减少了商家的销量，这也是许多商家非常头疼的问题。中信银行准确把握消费者的心理携手苏宁电器推出了扫异度二维码，购物时顾客无须排队即可即时支付。

这样的服务如何实现的呢？其实方法很简单，只需走进苏宁电器的店，对着商品上的二维码扫一下便可以了。（图12-4）

图12-4　苏宁电器某产品的二维码

扫完二维码后会看到异度支付下载客户端的界面。这时，只需等待客户下载并安装异度支付的客户端，就可以进入商场轻松购物了。

消费者点击进入中信银行支付页面后，通过在客户段已绑定的银行卡支付，只需要输入密码就可以直接付款（图12-5）。在支付成功后，中信手机客户端会给消费者发送一个支付成功的二维码，凭借这个动态二维码，消费者可以选择送货上门或当场取货及开发票等各种售后服务。

不用排队，不用现金，一扫就能结账，这样的扫码活动会给消费者带来更多的方便和快捷。消费者在享受这一服务的便利的同时，也给中信银行带来了更多的客户，同时对稳定客户也起到了重要作用。

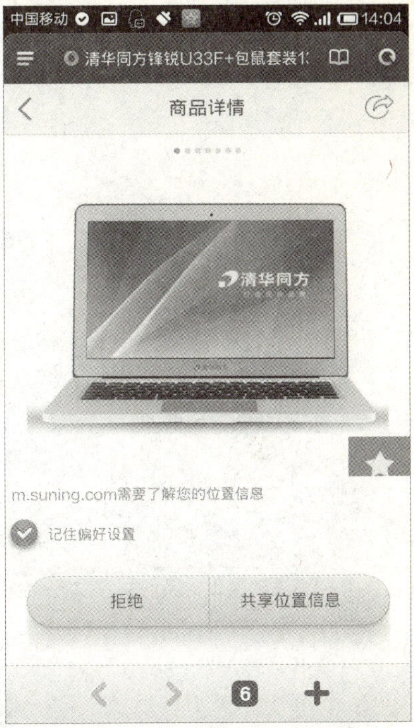

图12-5　商品支付界面

扫码下载APP，体验跨行转账

没有银行网点，没有自动柜员机，也没有开通网银，这时你想跨行转账，可以吗？当然可以。中信银行在各大银行网点、地铁站等广告牌上打入异度支付二维码的广告，并且提示用户扫描并使用异度支付，可实现无卡转账。即使你不是中信银行的客户，即使你手里还没有办理一张中信银行的卡片，这都不是问题。不管哪家银行，只要扫二维码，跨行转账无手续费即可轻松完成。对于这样便捷的服务，任何人都难以拒绝。

想要实现跨行即时转账，首先要扫一下异度支付的二维码。（图12-6）

图12-6　异度支付二维码

扫码立刻出现异度支付的下载界面，这时，根据自己手机支持的版本点击下载即可。（图12-7）

下载成功后，我们可以点击手机桌面上的异度支付软件进入主页。（图12-8）

图12-7　异度支付下载界面

图12-8　异度支付软件界面主页

想要使用这个强大的跨行转账业务，就要打开“我要收款”这个菜单，进入二维码生成界面。（图12-9）

这时，用户需点击创建收款二维码，点击进入页面后，填写好自己的收款详细信息，点击“确定”，提交信息，立即生成一个自己专属的收款二维码。这时，不管想要收款或者付款都可以了。想要付款时，在主页面上找到“扫一扫”这个菜单，对着想要付款的二维码扫一扫，就可以成功付款（图12-10），再也不需要忍受填写资料等种种麻烦。

图12-9　异度支付创建二维码界面

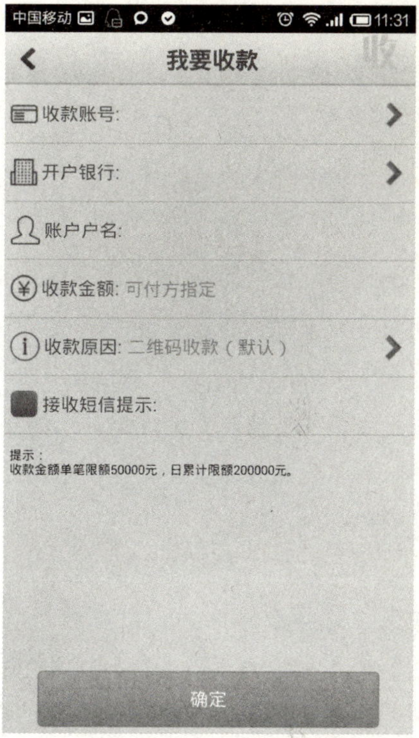

图12-10　异度支付创建二维码填写资料界面

营销金点子

金融企业为自己的品牌做宣传时，一定要想方设法提高客户扫码的动力，满足消费者的心理需求。需注意的是，企业放置二维码的地方最好是在有WIFI的地方。下载会让客户使用很多流量，有的客户会考虑流量不足而不愿下载。

泰康人寿：巧用节日，为亲人的健康买保单

随着环境污染加剧及假冒伪劣产品的出现，日常生活中的饮食、交通、环境等方方面面都对人们的身心健康有一定的负面影响。越来越多的人开始注重生活的品质。当人们对当下生活感到越来越不安时，人们开始考虑如何让自己和家人获得一份保障。正是因为普遍存在这样的社会心理，保险业在数字时代才有发展的潜力。作为行业新贵的保险业自然也不会错过二维码这新时代的产物。

比如，扫一扫码就可以关注保险公司的微信或者下载APP，可以通过移动支付让客户缴保费和办理一份新的保险。除了一些实用的工具以外，保险公司还希望有更多的人来加入他们，为企业做推广。如何让更多的人知道并加入保险公司呢？泰康人寿顺应时代要求，运用二维码开展了一系列的活动，让更多的人了解企业文化，并加入了宣传的队伍。

利用微博，制造“软”宣传

微博的出现让明星、网络达人、企业和粉丝都建立了互动关系。明星们通过每天发微博来吸引更多的人围观。有些草根达人玩转微博，通过吸引大家的眼球，成为实实在在的大“V”。当企业的粉丝越来越多时，利用微博来为企业做宣传也是一个非常不错的选择。

泰康人寿为了吸引客户，在暑假推出“扫描二维码，100万航意险或50万高铁/动车意外险免费送”的活动。这个活动不仅在大河网、商都新闻网、新浪网等各大网站做了扫二维码获保险的宣传（图12-11），同时还利用了微

图12-11　泰康网站宣传二维码

博与粉丝互动。

微博虽然是宣传的利器，但也有其局限性。比如：企业发布消息或者动态时，粉丝未必在线，或者粉丝关注订阅号较多，很可能看不到企业发出的消息。泰康人寿的官方微博为了让每一个关注他们的粉丝知道公司所推出的产品，用了一个非常受用又简单的方法，就是无论发哪条微博，都在其发出的图片页的最后，留下一个参与活动可以获得意外险的二维码。有了这样的“软”宣传后，不管客户何时上线，只要看到泰康的微博，就可以看到泰康所发出的二维码了。（图12-12、图12-13）

图12-12　泰康人寿官方微博发出的二维码

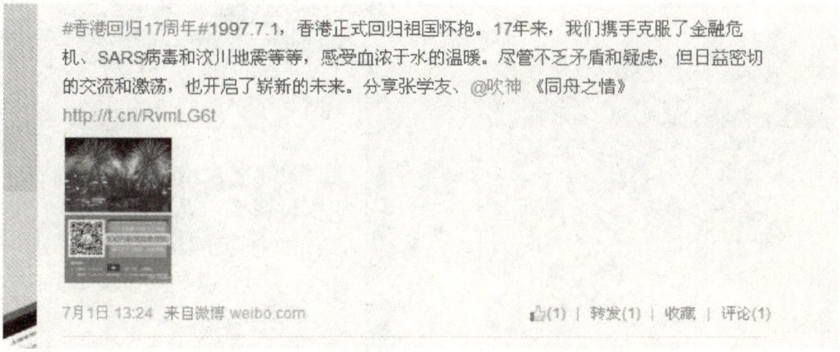

图12-13　泰康人寿官方微博发出的二维码

点击泰康的官方微博，在每条微博下面都可以看到相关活动宣传。如果这时粉丝被这个活动所吸引，就会拿出手机来扫这个二维码了。

首先拿出手机，在网站上找到泰康人寿为这份保险专门推出的二维码，扫一下二维码。（图12-14）

接着就会出现泰康人寿“铁意、航意随心所欲”的版面宣传广告。在这

图12-14　泰康人寿赠送意外险的二维码

个界面上会看到“免费领取”的菜单。（图12-15）

点击“免费领取”后，就会进入一个选择界面，看客户到底是要投哪种交通工具的保险，有“飞常保”“铁定保”可以自由选择。（图12-16）

选择好经常出行的交通工具后，就会进入填写资料的界面，这时需把用户自己的真实资料填好。（图12-17）

图12-15　泰康人寿意外险的主界面

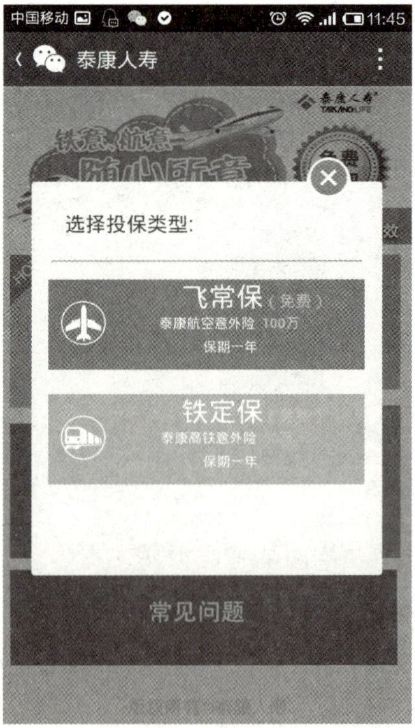

图12-16　泰康人寿投保交通工具选择界面

填写好资料后，点击确定，这份意外险就会成功的生成一个专属于自己的保险单号发到客户的手机上。一旦遇到意外，凭借这个保险单号可以领取相应的保险金额。因为，在填写这份保单时并未填写受益人，所以，由泰康人寿发到客户手机上的交通意外保险也可以转发给自己的朋友或者家人，遇到意外时凭着所转发的保险单号一样可以领取保险金额。

完成一系列步骤之后，粉丝成为泰康人寿的客户。这个神奇的二维码，不仅推广了泰康的企业，同时还为自己的活动做了很好的宣传，并通过微博，让更多的粉丝成为泰康人寿的客户。

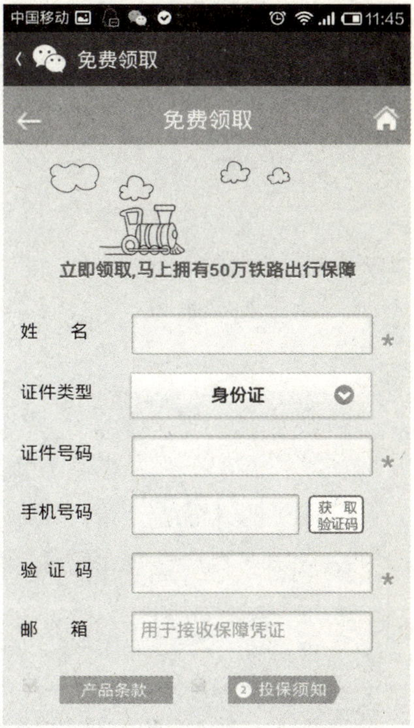

图12-17　泰康人寿填写资料界面

时令保险单，扫码即得

节日在我们日常生活中扮演着重要的角色，一年四季，几乎每个月都有节日临到，诸如情人节、三八妇女节、母亲节、父亲节……每一个节日都需要为相应的人预备一定的花销。如何做到更孝顺父母、让自己的伴侣开心等，成了一个大问题。泰康针对这些节日，推出了各种各样的时令保险，在春季推出了“春天不求爱，后悔一夏天”的活动；在母亲节时又推出了“致敬母亲节，青春与守护同在”的活动……无论消费者在哪个节日，总会看到它推出的活动。

以春节的“春天不求爱，后悔一夏天”的活动为例，来看一看，这个活动是怎样吸引大家扫码的。

2014年春季泰康人寿和京东合作，推出“春天不求爱，后悔一夏天”的活动。活动期限长达一个月。想要参与这个活动只需扫一扫二维码，支付1元钱就有可能为朋友、家人或爱人送一份1 000元的防癌保险。每当增加一位朋友或者爱人向自己求爱，保金就会为累计1 000元。成功求爱33次，还可以获得20元的京东卡，如果求爱成功99次，可以获得50元的京东卡。

那么如何使用手机APP来求爱呢？首先，打开泰康人寿的主页，找到泰康人寿的求爱二维码。（图12–18）

其次，对着这个二维码扫一扫就可以加入泰康官方微信。在微信里找到“1元求爱，手把手玩转微互动”的活动。（图12–19）

再次，点击进入这个界面，就会出现一个填写资料加入微互助，并支付1元上一份防癌保险的界面。（图12–20）

填写完资料后，点击“支付1元”，就可以去求爱啦！（图12–21）

图12–18　泰康人寿求爱活动二维码

图12–19　泰康人寿微信求爱活动

图12–20　泰康人寿求爱保险支付界面

求爱成功后，就可以为对方上一份防癌保险了，同时也会送自己一份防癌保险。如果这时你发出的求爱，得到了对方的回应，或者身边的朋友也向你求爱了，那么你就为自己的保险上累加1000元的保额。（图12–22）

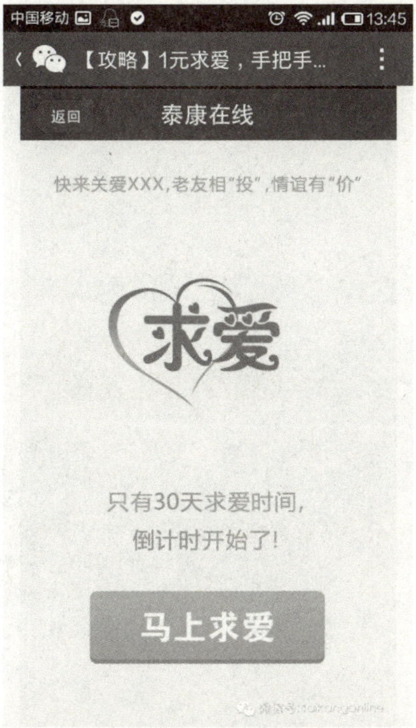

图12–21　泰康人寿“1元求爱”界面

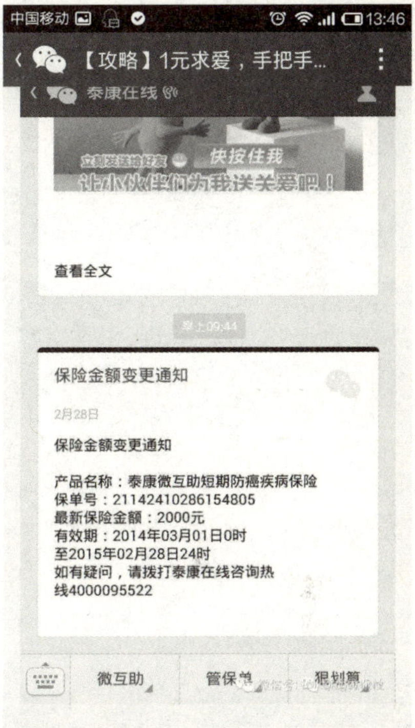

图12–22　泰康人寿防癌保险变更通知单

扫码不仅可以求爱还可以在求爱的同时用1元钱为对方和自己上一份防癌保险，这样一个扫码的活动，吸引了不少为节日送礼烦恼的人。同样，泰康保险在母亲节、父亲节都推出了相应节日的保险单。许多想参与这样既能互动又能送保障的活动的潜在客户，就会一直关注泰康保险，因为它总会层出不穷地推出各种活动吸引客户。

营销金点子

保险公司想要赢得长久客户，就需要让潜在客户时时关注保险公司的动态。但在保险业许多活动只是在自己的网站做宣传推广，这样只能吸引那些已经关注保险公司的客户。想要获得更多的客户，就要将自己的制作好的二维码投放到人群密集的地方。这样不仅可以增加客户的扫码量，也能让更多的客户参与到活动中来。

第十三章

影视业：二维码链接，视听、互动两不误

对于影视业来说，项目宣传是一件必不可少的事。无论电影上映还是综艺节目开播，只有宣传到位才能够赢得票房或收视率。时尚前卫的影视业在宣传上自然离不开二维码。无论是什么样的节目和电影，都必须带给消费者新的视听享受。与影视相关行业的企业只有懂得如何做好宣传，才能成功吸引手机用户成为企业的消费者。

中央电视台：扫码开启双屏互动

电视产业一直是我国广播影视业的主力军，看电视为一般家庭业余主要的娱乐活动。随着移动数字化的普及，对于年轻一代而言，视频网站分流取代了电视地位。无论想看什么频道、节目、电影，只需登录网站，通过在互联网上搜索，便可以随时观看电视。

虽然转变了观看方式，影视产业的观众并没减少，而是从电视机转移到了电脑、智能手机上。中国进入全民娱乐时代后，各大电视台的节目风格也发生了巨大的变化，选秀、相亲、达人秀、八卦等节目冲击着观众的神经。一向以“高贵冷艳”的央视频道也改变了以往的风格。央视女主播文静在《新闻直播间》说了一句：“我去吃块巧克力，一会儿见”的视频在网上走红，被网友们点评：女主播卖萌，好亲切，好无邪。对于电视业来讲，节目本身才是最大的竞争力。只有收视率高的电视台才能在影视业存活下来。

《开门大吉》，扫码互动答题

电视产业在后期发展时不可以忽视与移动终端的互动关系。只有通过与观众互动的方式，才能提高观众观看节目的积极性，从而提高收视率。手机在最初普及时，主要以通讯功能为主，当时电台、电视台纷纷开通了短信平台，听众和观众可以通过发送短信的形式参与到节目互动中。智能手机时代到来后，观众通过互联网和移动网络观看现场直播的方式进行点评来参与互动。如今，在节目播出时还可以通过扫电视屏幕上的二维码来参与节目互动。

《开门大吉》，是中央电视台推出的游戏益智节目，参赛者通过游戏闯关的方式实现自己的家庭梦想。《开门大吉》由央视品牌益智节目《开心辞典》团队打造，将一个源自爱尔兰的引进节目，参考欧洲电视制作方式，以本土化的风格制作而成，并创造性地利用二维码打通了电视节目与互联网的快速通道，推出手机和电视机双屏互动游戏的模式。

益智类电视节目主要是以提高和增长智力知识为主，让观众在观看中寓教于乐，增长见识。进入全民娱乐时代后，人们回到家中不愿意再思考，也不愿做大量的脑力活动，而是更喜欢轻松、搞笑的电视节目。在许多传统的益智类节目纷纷离开观众的视线后，《开门大吉》以全新的形式进入了观众的视线。

《开门大吉》打破电视节目无法与观众互动的常规，将二维码运用到电视节目当中。为了让观众参与到节目中来，《开门大吉》在节目开始时，向观众介绍二维码的使用方法，并把扫码闯关的奖品告诉观众，提高观众扫码的动力。（图14–1）

图14–1　央视网《开门大吉》节目开始介绍扫码闯关互动的视频截图

观众扫码后可以跟着闯关者同步答题。观众只要在节目揭晓答案之前在移动设备上选出正确答案，便可以获得相应积分。根据积分排序，摇号来获得相应的奖品。

有些观众因一些事务无法准时坐到电视机前，为了让这些观众也能够参与到节目中，在节目播出时，依然会贴出二维码。让观众随时可以参与到节目中来。（图14–2）

《开门大吉》节目中的二维码打破观众只能观看不能参与的常规，开启了电视节目的“双屏互动”时代，让传统电视节目搭上了数字时代的顺风车。从某种意义讲，这样也能抵御受众群体日益老化的趋势，让更多年轻人

图14-2　央视网《开门大吉》节目播出中二维码视频截图

参与到节目中来。

二维码，随时随地传递正能量

现代社会无论学习还是工作，竞争越来越激烈。对学生来讲，考上一个好的大学，会成为将来找好工作的敲门砖。对于已经步入社会的青年人来讲，是选择现实生活好好工作，还是追求不切实际的梦想，却是一个需要一番沉思的问题。央视针对心怀梦想、顾虑重重的迷茫青年人开了一档节目——《开讲啦》，邀请各行业成功人士为青年人讲述过来人心路历程，帮他们答疑解惑。

《开讲啦》是中国首档青年电视公开课，在中央电视台一套播出。节目邀请“中国青年心中的榜样”作为节目的演讲嘉宾，分享他们对于生活、生命和人生的感悟。该节目致力于为中国青年带来触动灵魂演讲，传递正能量，给予中国青年现实的讨论和心灵的滋养。

由于看《开讲啦》节目的多数为青年人和都市年轻人，正是崇拜偶像、羡慕成功人士的时候。为了增加青年人的互动，了解青年人心中的榜样明星，《开讲啦》节目开通了官方微信，通过微信，让青年观众推荐自己喜欢的榜样人物，还可以对下一期演讲嘉宾提出问题。（图14-3）

青年观众如果想要加推荐自己心目中的明星，听听他们的成长故事，就可以在看电视节目的同时，扫屏幕上的二维码关注《开讲啦》官方微信，在

微信的主界面按照提示和编码参与互动。（图14-4）

青年观众推荐的明星如果想被邀请到节目中，可以通过回复“04”下载“青年代表报名”表，然后把填写好的报名表发送到指定邮箱，等待编导的回复。

图14-3　《开讲啦》官方微博截图

《开讲啦》在央视虽低调开播，但由于偶像的榜样作用，并一直保持与青年观众互动，因而大受欢迎。其成功之道在于它不仅把节目做好，还紧跟时尚，并在互动时用了最适合青年观众互动的方式——二维码。

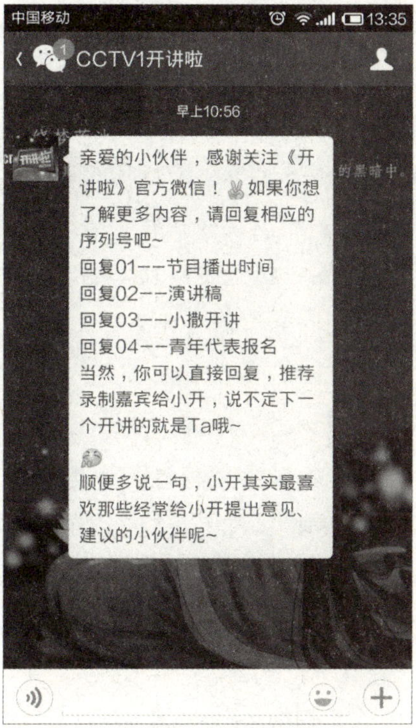

图14-4　《开讲啦》官方微信主界面

营销金点子

在电视产业的二维码推广中，除了在电视上贴出二维码，还可以利用微博、官网等渠道来进行宣传。在二维码的使用上，还可以将电视上的广告产品加上二维码，通过扫码来增加企业的关注度，提高企业的知名度。

《笔仙3》：二维码，鼓励消费者看电影

进入网络时代，人们的信息生活更丰富。图书、视频、电影、图片等版权作品被放到网络上，供网友免费观看、收听，并以浏览量来评价一部作品是否是当下最火的作品。而作为图书、电影作品的最终成功与否，还是以售货码洋或票房来评定的。

正是网络的出现，人们习惯了通过网络免费阅读观看作品，导致图书、电影的销售量或票房下降。人们随时等待免费的新作品上市，一本新书上市后等待电子书出现；一部电影上映后去网站搜索盗版。网络仿佛有着无数个神秘宝藏，只要几个字或者一组由字母和数字组成的网址，便可以到达那个神秘的地方。而作为企业来讲，让消费者为作品消费才是首要目标，只有这样，才能为企业带来更多的利润。

扫一扫二维码，有人陪你看电影

现代大都市中单身大龄青年越来越多，主要原因是越来越多的年轻人忙于工作，为了得到理想的职位，许多年轻人错过了恋爱时机。这类人忙于工作，交友范围较少，所以他们希望多一些平台和机会，让自己尽快找到适合的人。针对单身男女的这种心理，《笔仙3》与电影移动社交应用软件联合，为单身男女找到一起看电影的伴。

《笔仙3》是安兵基执导，李顺安、杨哲编剧，江一燕、焦俊艳、王龙

华、董子健领衔主演的电影，由中国电影股份有限公司、北京永旭良辰文化发展有限公司联合发行。该片集惊悚、虐心、亲情等多种元素为一体，主要讲述了一位母亲的自我救赎。该片已于2014年7月4日首映。

《笔仙3》是怎样为单身男女找到一起看电影的伴的呢？只需通过扫二维码下载“陪你看电影”APP，就能参与到活动中来。（图14-5、图14-6）

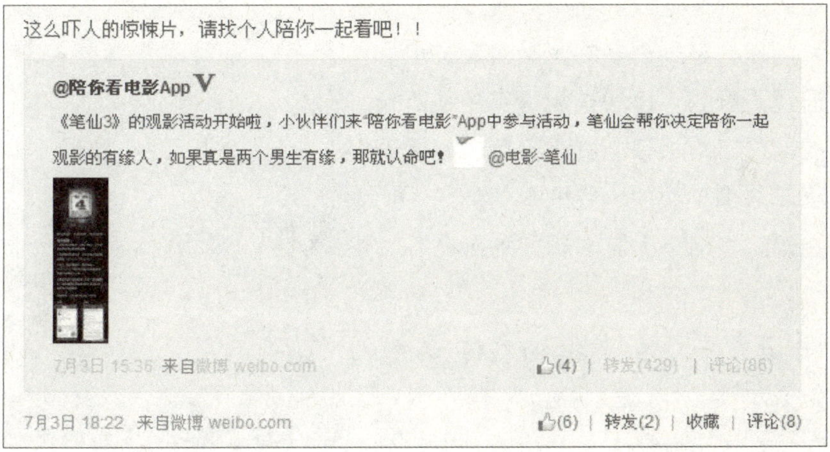

图14-5　电影《笔仙3》官方微博“陪你看电影”活动页面

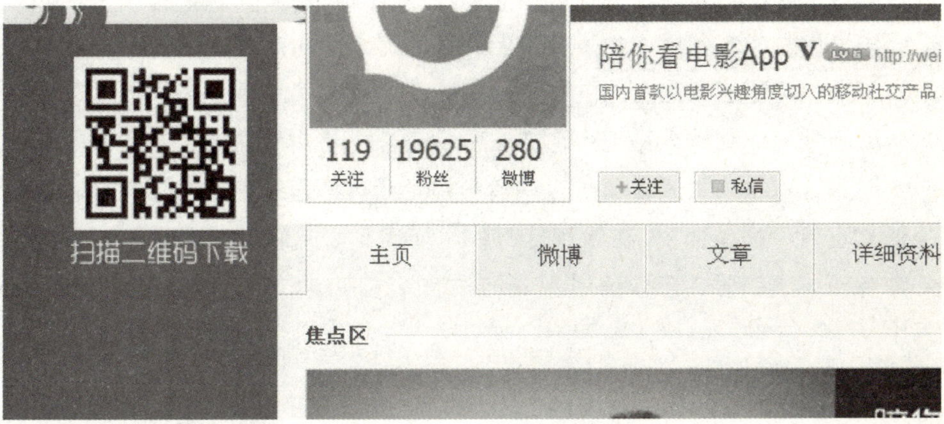

图14-6　“陪你看电影”官方微博二维码页面

扫码后，就可以进入“陪你看电影”下载界面。下载完成后，在主界面可以看到许多想要一起约会看电影的人。（图14-7）

找到约会人选后，可以点击“约”字，便可以约上他，一起走近电影院了。

在现实生活中，看电影更多还是在网络上进行。对于普通消费者而言，一张电影票虽然不至于让自己的生活质量下降，但网络免费观看依然让消费者觉得去电影院看电影是花冤枉钱。而电影院要做的就是技术创新，鼓励更多的消费者走进电影院，通过更好的环境和更为震撼的视听效果（如4D、IMAX等），让消费者感受到在家里无法满足到的电影院全新体验，这也是在影院与网络上观影的区别所在。

图14-7　“陪你看电影”主界面

借用多平台扩大扫码宣传力度

自2013年《泰囧》创造了11亿票房神话后，后续上映的电影都取得了不错的票房纪录。这中间不仅有影院的优惠活动，还有电影制片公司对电影的新式宣传。在保证电影品质的情况下，如何能够提高影片的知名度，也是在电影宣传时必须要考虑的，所做的一切目的只有一个：让那些无法走进电影院的消费者，通过宣传活动来了解该电影。

呷哺呷哺以独特火锅吧台形式，吸引着当下不少消费者，成为快餐业的一支新秀。这种公共聚餐场所让许多影视企业想都通过呷哺呷哺等餐饮业的渠道来宣传。《笔仙3》在做宣传时，也借用了呷哺呷哺的平台。消费者在呷哺呷哺吃火锅时，可以通过扫码加微信关注来参与到《笔仙3》的抢票活动中。消费者在扫码后，在呷哺呷哺官方微信中回复“吃呷哺，看笔仙”便可以参与到活动中来，每天200张免费电影票等消费者来抢。（图14-8）

无论消费者是否会参与到抢票的活动中，都让更多消费者了解到该电影更多信息。当电影下线后，消费者则可以通过其他渠道来观看该影片，为影片增加网络视频点击率。

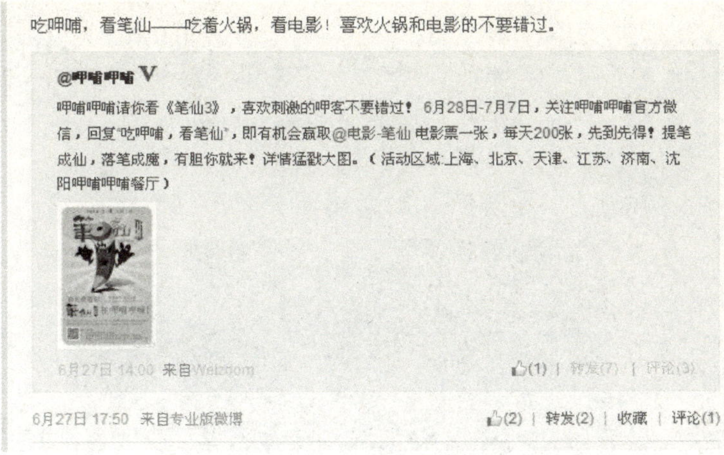

图14-8 电影《笔仙》官方微博发布呷哺呷哺抢票活动页面

影院定位宣传，扫码让会员获得优惠

现代都市每家电影院都有庞大的会员群体。这些持卡的会员人士，是电影院的潜在客户，但他们并非每部影片上映都会走到电影院进行观看。当一部新电影上映时，影片的风格和影片题材不是他们喜欢的类型，他们便不会走到影院进行观看。

《笔仙3》在进行后期宣传时，为了吸引更多会员去电影院观看该电影，投资方与影院推出了扫码观影活动。（图14-9）

例如，如果广州消费者是中影天河国际影城的会员，只需要扫一扫中影天河国际影城的二维码，便可以参与到该活动。（图14-10）

扫码后，会员便可以加入“中影广州天河国际影城”的官方微信，在微信的输入栏里发送“姓名+会员卡号+手机号+我要看《笔仙3》”，便有机会参与到抽奖的活动中。

此活动限制只能会员参与，让观众觉得减少了竞争力。参与活动时，观众发送的资料信息也可以帮助企业做调查，了解哪种活动吸引哪类消费者。

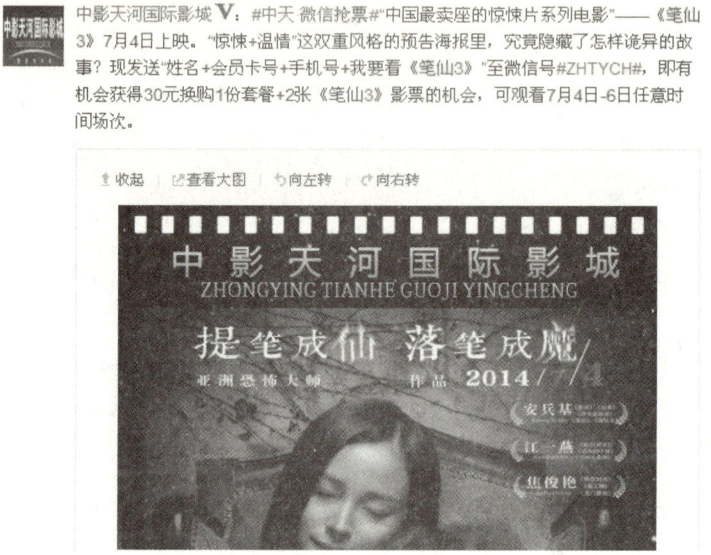

图14-9　中影天河国际影城官方微博推出的"#中天微信抢票#"活动

图14-10　中影广州天河国际影城官方微博二维码

营销金点子

电影在做后期宣传活动时，不仅可以借助影院、企业合作的方式，还可以用二维码来做推广宣传，真可谓创意无限。投资方可以制作出许多电影宣传的二维码，例如，制作一个明星到粉丝家的二维码，只要影迷扫到这个二维码，便有机会与明星亲密接触；还可以制作观影二维码。众所周知，许多抢票活动存在内幕，有许多消费者未必会参与到抢票活动中，而使用二维码，便可以将活动更加透明化，让消费者放心参与扫码活动。

乐视视频：二维码带来视听新享受

以前人们想要看电影，需要通过去电影院或者观看电视电影频道播放；如今人们想要看电影，可以通过网络来观看。观众只需要在搜索栏里输入需要观看的电影，便可以随时观看。数字时代的到来，把人们娱乐模式都搬到了手机上。

在地铁、公交车、火车都可以看到人们拿着手机或者平板电脑看电影或电视剧。想看哪部电视剧、哪部电影，只需要下载到移动设备终端中，便可以随时随地观看，省去了坐在电脑前的不便。人们将视线转移到移动设备终端，企业也将目标锁定使用移动设备终端的人群，为了赢得更多客户使用企业的APP播放器来观看视频，软件运营商和制作方做出了巨大的努力。

二维码创造奇迹，让演唱会现场直播

每个影视传媒企业都拥有自己企业的APP，如何让自己的APP能够下载到观众的手机和电脑中，是企业公关营销千方百计考虑的问题。有些企业利用购买独家影视版权来让客户付费观看，有的则利用演唱会现场直播。

乐视网，全称乐视致新电子科技（天津）有限公司，是国内上市公司乐

视网控股的子公司。成立于2004年11月，总部设在北京中关村高科技产业园区，2010年8月12日在中国创业板上市。乐视网是以正版、高清影视剧为主的视频门户，也是中国重要的影视剧视频网站之一。

2013年汪峰“存在”超级巡回演唱会，在全国15个城市巡回演出。每场爆棚的人气无人能挡，更是不断刷新各个城市当地票务纪录。在这样成功的演唱会中，乐视网对此演唱会进行了现场直播。无法到达现场的乐迷们，可以在付费频道支付30元，通过乐视网和手机共享这场音乐盛宴。2014汪峰“风暴来临”超级巡回演唱会再次与乐视合作，创造了新的奇迹。截至2014年8月3日，累计有4.8万人通过付费直播观看了演唱会，还有1.6万人在付费频道购买后回家看回播。（图14–11）

图14–11　乐视网官方微博截图

对于汪峰的粉丝们来说，如果错过了2013年汪峰“存在”超级巡回演唱会，那么一定不能错过2014年汪峰“风暴来临”超级巡回演唱会，如果喜欢汪峰的乐迷想要看现场直播，却因为种种原因不能坐在电脑前观看，那么可以通过手机扫码下载乐视网播放器，随时随地看现场直播。（图14–12）

扫码后，可以进入乐视视频下载界面，下载完成后，便可以进入乐视视频的主界面。（图14–13）

进入主界面后，可以点击“直播”频道，在里面寻找想要看的直播节目。点击进入汪峰演唱会频道，在演唱会开始到结束的这段时间内，乐迷们可以重复看回播，不再另收费。

图14-12　乐视TV官方微博二维码截图

2013年第二季《我是歌手》中，乐视网买断节目版权，吸引观众通过乐视网来观看节目；汪峰演唱会乐视网再次获得独家直播权，有了独家直播权后，想要看节目和演唱会的观众都被吸引到企业的二维码中来，并在被乐视APP提供更多片源和独家所俘获后，成为企业的忠实观众。

二维码大力宣传，提醒观众扫码

在网络上，经常会出现这种现象：点击进入某些视频网站，总是看不到二维码的存在，甚至没有二维码快捷下载播放器方式。懊恼之余，只好使用数据

图14-13　乐视网乐视视频主界面

线，通过手机连接电脑来下载该企业的播放器。这种笨拙又麻烦的方式，为想要下载企业播放器的观众带来不便。数字时代为观众解决了后顾之患，观众使用二维码，下载相应APP已是企业推出的必备的快捷方式。

为了让网友快速找到企业的二维码并用最快捷的方式下载播放器，乐视网将二维码贴到了网站热播剧的海报上。无论当下哪部影视最火，总能看到各种二维码的身影，提醒网友扫码下载，使用手机观看更方便。（图14-14、图14-15）

首先在乐视搜索找到喜欢看的电视剧或电影，然后直接点击便可以进入到剧集播放中，此时，剧集播放页面会弹出一个二维码，提醒观众扫码下载赠送会员。众所周知，会员可以在观看剧集前无广告播放，还可以享受部分付费影片的观看，这样的提醒对于观众来讲无疑是非常吸引人的。

图14-14　乐视网官方网站《古剑奇谭》海报二维码

图14-15　乐视网官方网站《当婆婆遇上妈2》海报二维码

（图14–16）

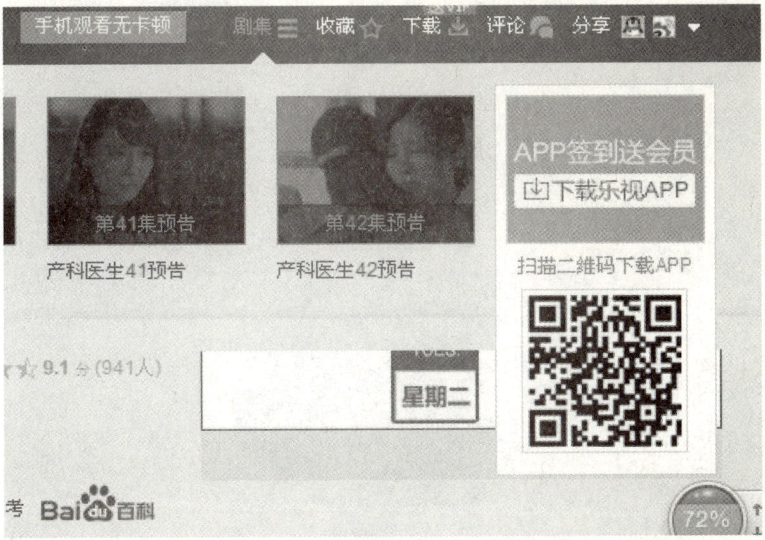

图14–16　乐视网剧集播放页面二维码

乐视网在二维码的宣传还投放在微博上。乐视网微博拥有480万粉丝，乐视TV的粉丝也达到了310万。点击进入乐视网的微博首页可以看到页面上贴有二维码。（图14–17）

图14–17　乐视网官方微博页面二维码

不仅如此，在浏览乐视网微博和乐视TV微博时，在一些热门好玩的微博图片下面也贴出了二维码，提醒网友扫码。（图14–18）

总而言之，二维码无处不在。无论网友在何时何地浏览网站或微博，只要想下载企业APP，就可以随时随地扫码下载，无须再回到有二维码的页面，而微信、微博等共享网站的信息也为网友提供了更方便快捷的下载方式。

图14-18　乐视TV官方微博图片下面的二维码

营销金点子

在视频网站，二维码的运用还可以将每个视频做成一个独立的二维码，方便网友下载和观看。网友在电脑观看的同时，扫码立即进行手机在线观看，省去转换为移动设备各种步骤（进入APP，搜索，点击剧集等）所带来的麻烦。